계엄 수첩

계엄 수첩

박종화 시집

문학들

들어가면서

1년이 지나고
몸부림쳤던 122일을 들여다봅니다
일기 쓰듯 페북에 올렸던 시편들
하나하나 다듬고 조입니다
여전히 소름이 돋습니다

광화문 겨울 천막에서
잘 때
차가운 등 때문이 아니고
마려운 오줌 때문도 아니고
오직
고통스러운 것은
그 와중에
날마다 시를 쓰는 것이었습니다

시의 형식을 빈
감정의 계엄을 기록하는 분노였습니다

2024년 12월 3일부터 2025년 4월 4일까지
122일 동안 매일같이 생 날것으로 쓴 280여 편과
이후에 쓴 20여 편 중에서 250편을 곱게 닦아
함께 투쟁했던 시민께 두 손 모아 바칩니다

함평에서
박종화

차례

제5부 계엄 5권 – 견딜 수 없이 견디고 있다

제6부 계엄 5권 이후 – 지옥 가는 길의 다리

제1부

계엄 1권
아무것도 없다

윤석열의 계엄령

정신없다
뭘 준비해야 하는지
준비되지 않은 내가 갈팡질팡이다

참혹하다
두꺼운 외투를 먼저 입고
간절히 지키고픈 창작물과 자료들을 허겁지겁 챙기는
본능이
갈기갈기 찢긴 상처 속 피로 흐르는 난장판이다

비참 그 자체다
전부를 바쳐 가꾼 소중한 투쟁의 자유를
한낱 먼지처럼 날려 보내야 하는 현실을
도저히 인정할 수 없는 밤 열두 시가
악마의 편으로 기울어가는 어두운 공포다

좌절이기도 하다
산다는 것이 투쟁하는 것 외엔
아무것도 아니란 것을 다시 한번 확인하는 순간은
태어난 이유가 부질없었던 그야말로 1980년 5월이다

그래

이런 날 있으리란 것을 늘 우려하며 살았다

어차피 오늘을 피할 수 없다는 것 또한 잘 알고 있다

나의 모든 무기여

일분일초를 긴장하라

어서 가자 악마가 들끓는 그곳으로

계엄이 터졌다

즉각 생각한다
굳게 결심한다
젊은이들 대신해서
총을 맞아 주자고

살 만큼 살았다고
더 살아서 딱히 할 일도 없다고
입술 물고 서럽게 결심한다

어릴 적 계엄 당시
계림동 오거리 동네 어른들에게 들었던 말을
45년이 지나 다시 터진 계엄을 머리에 인 채
급하게 짐을 싸면서 곱으로 곱씹는다

계엄령을 든 밤의 윤석열

대통령이 된 후
오로지 국민만을 바라보고 간다는데
어디를 보는 걸까

거기에는
도대체 누가 있는 걸까

자세하게
꼼꼼히

아무리 봐도 없다
아무것도 없다

국민의 탈을 쓴
굴절된 종자들 외엔

머리끝까지 화가 난다
– 계엄이 장난감이더냐

화가 난다
일제 36년보다 더 긴 44년 전
계엄에 휩싸인 광주가 두 눈 부릅뜬 채 화가 난다

왜 지금도 그때처럼 한번 쏘아보시지
왜 대검 한번 휘둘러 죽여보시지
왜 시체를 트럭에 싣고 산으로 산으로
검은 악마의 망토를 쓰고 어디 한번 옮겨보시지

아
화가 난다
잘리운 젖가슴 튀어나온 눈동자
붉은 피 솟구쳐 목이 잘린 우리네 몸뚱이가
용서할 수 없는 저 미친 소리와 행동에
견딜 수 없이 화가 난다
비참한 44년이 화가 난다
무기력한 44년이 화가 난다
아우성치는 44년이 화가 난다
입으로만 외쳐대는 이놈의 44년이
한없이 화가 난다

윤석열

간악한 입으로 절박함이라니

간교한 양심으로 절박한 심정이라니

피로 물든 금남로의 원혼이 일어서는 소리가 들리지 않느냐

가슴 붉은 열사의 원혼이 울부짖는 소리가 들리지 않느냐

총칼에 짓밟힌 민초의 원한이 보이지 않느냐

더는 속지 않는다

속을 만큼 속았다

두 번 다시는 속지 않는다

너 윤석열

이게 어디 머리 숙여 사과할 일이더냐

이게 어디 네 성질 부리는 데 쓰는 장난감이더냐

이게 어디 네 맘대로 네 꼴린대로

술 한잔 퍼붓고 부릴 객기이더냐 이 개 상렬의 새끼야

목숨 건 20대의 오월이 화가 난다
징역뿐인 30대의 광주가 화가 난다
왜곡뿐인 40대의 망월동이 화가 난다
해골뿐인 처참한 50대의 깃발이 화가 난다
끝장으로 맞서온 백발의 세월이 화가 난다
운명처럼 지켜가는 우리들의 오월 우리들의 죽창이
피에 젖은 적개심으로 울어 대는 오늘
진절머리가 나도록 화가 난다

너희가 아닌 우리가 집주인이다
너희가 아닌 우리가 이 땅과 하늘의 주인이다
우리가 살아 있는 주인들이란 말이다

아
아 아
머리끝까지 화가 난다

들었던 짐을 내려놓았다

육군 보병 하사 출신인 나는
창문을 오르는 특전대의 뒷모습을 보며
계엄 실패를 확신했다

일빵빵 소총수도 저리 넘진 않는다
총검으로 무장한 특수부대 단 서너 명이면
국회 전체를 10분 안에 장악할 수 있다
특수군인은 장난이 아니다
사랑이 장난이 아니듯이

숨소리조차 내지 않고
들었던 서울 가는 짐을 슬그머니 함평 방바닥에
내려놓았다

연습하라

이토록 상황이 엄중할 땐
말의 무게도 엄중하면 얼마나 좋아
국민이 쪼그라질 대로 쪼그라진 심장으로
쳐다보고 있는데
지도자의 목숨을 건 대응의 목소리치곤
속이 바락바락 탄다
로봇처럼 뱉어내는 목소리가 미치겠다

이런 나라에서 배지 차고 살려거든
하다못해 말이라도 잘했으면
연습이라 좀 했으면

작심

내일부턴 일해야지
또 내일부턴 일해야지
그리고 또 내일부턴 일해야지

어디까지
가나 보자

탄핵 이후
잡히지 않는 일손
무력한 작심

행복했다니
– 2024년 겨울의 이상민

백성을 쏴 죽이는 계엄을 만들어 놓고
행복을 노래하다니
상놈의 새끼

국민은 없고
개돼지만 뇌 속에 채우다니
이 상놈의 새끼

이태원 참사를 짓밟아 놓고
그 입으로 감히 행과 불행을 나불대다니
이 개 상놈의 새끼

도륙해도 분이 풀리지 않을
저런 인간말종의 개 상놈의 새끼가
생각하는 행복은 도대체

아
아

행복했다니

매 순간이 행복했다니
저런 것이 장관이었다니
이런 이런 너 이 개 상놈의 새끼

나는 정말

야
내란범들
이리 와서 일렬로 서

내가 한 구절씩 부를 테니 따라서 불러라
"부러울 것 없는 나는 정말 상놈의 새끼"

음마
요것들 목소리 좀 봐라
목소리 높인다 실시
"부러울 것 없는 나는 정말 상놈의 새끼"
더 크게 부른다 실시
"부러울 것 없는 나는 정말 상놈의 새끼"

그래
아침에 눈 뜨면 기상곡으로 부르고
밥 먹기 전에 먼저 부르고
자기 전에 취침 곡으로 불러야 한다

질문 있습니다

내란범 주제에 뭔 질문
어디 한번 해 봐

똥 싸기 전엔 안 불러도 됩니까

지금 장난쳐
너 이리 와 봐

내 취임 반대는 내란 행위

– 내란 수괴가 진실화해위원장 박선영 임명

미쳐버리면
비가 올 때만 자신의 정체감을 드러낸다
내 취임 반대는 내란 행위다

미쳐버리면
먹구름 날 빛이 없는 날
늘 색안경을 쓴다
내 취임 반대는 내란 행위다

미쳐버리면
해가 자취를 감출 때
머리에 꽃을 꽂고 치마를 들어 올린다
내 취임 반대는 내란 행위다

미쳐버리면
귀도 눈도 닫은 채 어둠만 찾아다닌다
내 취임 반대는 내란 행위다

뭣이라고
너의 취임 반대가 내란 행위라고

확실히 미쳤다
완전히 미쳐버렸다

산 증인은 그대

스스로 부족한 자는
그 부족함을
확인되지 않은 사실로 채우려 한다
교묘하게 포장하여 뒷말로 채우려 한다
자신이 한 뒷말이 외려 퍼지기를 기획하며 밑밥을 깐다

너에게만 말해주는 거야
라고

이를 들은 이는
한 치의 빗나감도 없는 예상 그대로
다른 사람에게 전파를 한다

확증 없는 말은
모자란 자들이나 믿는다는
어리석은 자들이나 퍼뜨린다는
그런 속설은 틀린 것이다

한쪽의 말만 들은 채
상대 쪽은 아예 확인도 하지 않은 채

계산에 따라 선택적으로 믿고
손익에 따라 퍼뜨리는 것이다

검증 노력에 취약하면서도
스스로 똑똑하다고 생각하는 이들일수록
이런 거짓 수렁에 쉽게 빠져들고
거침없이 배신의 칼을 휘두른다

진실이 아닌 것을
진실이라고 믿은 적이 있는가
있다면 그대가 산 증인이다

이게 뭔가

눈 뜨면 뉴스
이러다가 내가 먼저 미쳐버리겠다

뭘
할 수가 없다

이게
사는 건가

진영논리

- 김상욱의 진영논리

진영논리가 문재인 정권부터 이어져 온 게 아니라
이승만 박정희 때부터 그들은 이미
단순한 진영논리가 아닌
악마의 실천행위로 증명해 왔단다
진영논리를 넘어
지역감정까지 완벽하게 심어놓음으로써
정권을 유지했단다

문재인 정권을 편 가르기 시초로 잡는
너의 논리 자체가 완벽한 진영논리란다

기가 막힌 삶의 방법
— 배현진

아무 말 없이 눈치 보다가
탄핵에 참석한단다

기가 막힌다
혀를 감추고
오로지 살아남기 위해
택한 방식

이보다 더 좋은 방법을 찾을 길 없다
기가 막힌 방식이다

자고 일어나면 또 생각이 바뀔 그대
정말 기가 막힌다

한국의 현실

- 윤상현

박근혜 탄핵 반대했더니
당시엔 욕하더니만
시간 지나니 다 잊고
야 의리 있어
이렇게 말하고 찍어주더라

그 말이 맞아서
억장이 무너진다

대한민국의 합리

- 이양수

사람은 누구나
논리적이고 합리적인 판단을 한다는
그대의 말

그럼
내란 맞잖아
주동자는 누구니

너의 논리와 합리는
뭐니

족속의 자랑이거라
– 물어주면 된다는 철새들

헌법에 있는 규정대로
계엄을 선포했다고 하니 하는 말인데
깬 유리창 값만 물어내면 된다고 해서 하는 말인데

이것이 전시에 준하는 상황이냐
국회를 장악하는 것이 헌법이더냐
의원을 끌어내라고 하는 것이 헌법의 위력이더냐

그래서 하는 말인데
너는 평생
2024년 12월 3일은 합법 계엄이었다고 말하거라
자식들에게도 주입하고
숨 끊을 때 꼭 유언으로 남겨
자손만대까지 오늘의 계엄을 찬양하라

네 족속의
자랑이거라

좋겠다 너는
자랑할 것이 더럽고 더럽게도 자랑스러워서

하루라도

- 조경태

하루라도 빨리 탄핵해야 한다며
신공을 발휘하는 당신

누가 보면
내란을 정확히 읽고 있는 것처럼
위대해 보이기까지 하다

의원 배지에
신이 붙은 내공이다

신은 왜
쓸데없는 곳에서
기생을 할까

이랬다저랬다

― 한동훈

아침엔 이랬다
낮엔 저랬다
저녁엔 또 갈팡질팡했다

날씨는 그럴 수 있어도
사람이라면 뒷골목 양아치도 그러진 않는다

영웅의 지조는 말할 것도 없고
정치 지도의 개념 그 자체가 있을지 의문이다

지저분하게
이랬다저랬다

폭거

– 박수영

위헌이지만
윤 대통령 진정성은 인정해야 한다
야당 공격은 선 한참 넘은 비민주적 폭거다

매국이지만
이완용의 진정성은 인정해야 한다
과도한 공격은 넘어도 한참 선을 넘은
반역사적 행패다

뭐가 달라

따져야 한다

– 조배숙

내란이냐 아니냐
신중하게 접근해야 한다
내란범이란 소리 그치고
오래오래 따져야 한다

그래
그대가 사람이냐 아니냐
갈가리 찢어서 헤쳐 보아야 한다
깊이깊이 꼭 따져 볼 일이다

뚝 떨어지는 석양

오늘도
차례로 줄을 서서
석양이 진다

계엄의 충격으로
사람들의 호흡이 하나둘 사라지듯
석양이 진다

마치
내 차례를 호명이라도 하듯
뚝
떨어진다

비상계엄 1번 종북 척결

스물아홉의 나이로
깊은 사색에 잠긴 적 있다

나는 진정 무엇을 하며 살아야 하는가

깊고 깊은 사색 끝에 내린 결론은
외려 단순했다

저잣거리 정치만은 하지 말자
국가보안법이 있는 한 방법이 없다
해 왔던 대로만 살자

그런 결정을 한 배경에는
종북 빨갱이 놀이가 만연한
도저히 나로서는 이해할 수 없는 사회가
늘 도사리고 있었다
죽기 전엔 결코 바뀔 것 같지 않은 견고함으로 말이다

어느 날 눈을 떠 보니
정치에 도움을 주는 내가 아니라

공안정국을 만드는 밥과 도구가 되어 있었다
저잣거리 정치에 암적 요소가 되어 있었다
또 이용당하기 전에
또 도륙당하기 전에
이런 사회는 스스로 빠져주자

이후
인생의 바닥을 기며 오늘도 산다
나름 재밌다

사형은 사형이고 무기는 무기다
— 윤석열 담화

게거품을 좀 더 물어야지 호소력이 약해
경험자로서 힌트를 준다면
법정에서도 그런 헐렁한 진술은 씨도 안 먹혀
그리고 왜 여기서 말해
법정 가서 거기서 해

끌어내라 그러고
계속 전화해서 다그치고
그런 것 하나 해결을 못 하냐 그러고
싹 다 잡아들이라 그러고
행정 최고 회의인 국무회의를
망치 하나 없이 서기록 하나 없이 개회도 없이
5분 정도 버럭질이나 한 것이 계엄회의라 그러고
소주 한 병 가져오라고 했단 말은 소문인 것 같고
그러고 또 그러고 그러고…

어이
계엄이 네가 가지고 노는 소주잔인가
그러고도 자유 민주주의 수호인가

50

이번에야말로

얄량한 너의 법 논리로 역사를 되돌리려는 수작이

통하지 않을 것 같아서 하는 말인데

사형은 사형이고

무기는 무기다

민초의 마음

- 윤상현

전두환 계엄이 고도의 정치 행위라는
신군부의 주장은 옳다는 것이
1997년 대법원 판례라는 거짓말로 국민을 혼란케 한
놈

어쩌면 좋아
계엄 수괴 윤석열보다 더
무거운 죄로 숨통을 끊어버리고 싶은
이 마음을

정상적이면

– 유인촌

헌법과 법률에 따라
정상적으로 작동해야 한다구요

그러지요
그래야지요
당신들이 헝클어놓은
헌법과 법률이 정상적으로 작동하고 나면
그래야 맞는 거지요

그런데 당신의 말은
윤석열의 정상적이던 체제가 흔들리고
지금은 비정상적이라는 말로 들리니

왜 이렇게 다른지요
왜 같은 하나를 보고 이리도 다른지요

내가 보는 당신에겐
정상을 판단하는 뇌가 없고
책임이라는 심장이 없어 보이는데
당신이 보는 나는

간첩인가요 자유 가치 파괴세력인가요

혹시나 해서 묻는데
기생충의 뇌와 심장을 보신 적이 있나요

시작했다

국가보안법으로 족쇄가 채워지다 보니
억장이 무너지는 억울함으로
국가보안법을 달달달 외우기 시작했다

IMF의 함정으로 빠지다 보니
도대체 뭔가 하는 심정으로
모라토리엄부터 달달달 외우기 시작했다

러우전쟁이 시작되다 보니
한쪽만의 뉴스를 피하기 위해
러시아 문자를 달달달 주입하기 시작했다

내가 그렇게 늙어가고 있던 12월 3일 밤
비상계엄의 폭탄을 황당하게 맞다 보니
계엄사령관도 모른다고 발뺌하는 계엄법과 실행 조직도를
아주 딸딸딸 암기하기 시작했다

별 네 개

사령관이 집행하는 것이 무엇입니까
잘 모릅니다
계엄사령관이 계엄법을 모른단 말입니까
자세히 들여다보지 않았습니다

이런 거짓말에
국민은 또 속으면서 동네에 소문을 낸다

명령이 내려오니
군인으로서 그냥 시킨 대로 했겠지
라고

세상이다

자신이 잘 아는 것만
강조하는 것이 세상이다

채소 장수는 채소가 삶이고
소 장수는 소가 삶이다

의사는 수술칼이 생명이고
판사는 법전과 판례가 생명이다

동양철학자는 동양철학이 인생이고
서양철학자는 서양철학이 인생이다

기독교는 하느님만이 구원이고
불교는 부처만이 구원이다

아는 것만 외치고 아는 것만 고집하는
그것이 우리가 사는 세상이다

2분짜리 계엄이 어딨냐고

그래
그러면 위로가 좀 되냐
고도의 정치행위라고 하면 그래 위로가 많이 되냐
그래서 고도의 자위행위냐

내가 하면 간첩이 딸딸이 치는 거고
그대가 하면 고도의
아주 고도의 매우 특별한 용산 똥통의 자위행위냐

맞냐
그러냐

나라를 통째로 도둑질하다 들켜놓고 고도라니
'고질 적폐의 도둑놈'을 줄임말로 고도
맞는 거냐
그런 거냐

엄마가 집회 가지 말라고 하는 자식들의 연합

"시상 시끄러우니 집회 같은 것 좀 피허고 살어라 잉"

엄마의 트라우마는 역설적이게도 나보다 더 심하다
싸우는 집회 참여에 질겁을 한다
행여나 자식 또 뺏길까 봐

그러던 엄마가
12월 3일 이후 오지 않는 아들이 보고 싶은지
명분도 없이 오라고 하기는 그랬는지

"광주로 집회 나오믄 집에 들렀다 가라 잉
반찬 해 놨응게 가져가"

돌려까기로 집회 참여를 종용하니
장난끼가 발동한다

"그런디 가지 마람서
한 입 갖고 두 말을 어째 해싸신당가"

"아니

가믄… 그렇지만 그래도 와야"

"알았어
모가지 쳐부러야 헌다고 악을 버럭버럭 질르고 나서 갈
텐께
도라지 청이나 준비해 놓시오 잉"

입맛대로 말을 골라 하고 싶은 울 엄니
오늘은 잘못하여 골랐다

다음 상경 때
가지고 올라갈 계획의 깃발 이름

'엄마가집회가지말라고하는자식들의연합'

천조국

내가 보기엔
남들 보이지 않게 사용된 돈까지
400조는 타버렸다

이 돈이면
지금 국가장학금 시행상태에서의 사실상 무상교육은
100년 이내에 걱정할 필요가 없는 돈이겠다

거기다가
백성이 겪고 있는 분노와 고통의 값을 합치면 1천조는
되겠다
드디어 대한민국도 웅장한 천조국이 되겠다

총리

당신처럼 늙지 않겠어요
뭡니까 이게

당신도 누구처럼 순간순간이 행복했습니까
지금도 여전히 행복합니까
뭡니까 이게

이도 저도 아닌 채로
끌리는 듯 끌려다니는 개 목줄을 달고
주인이 끌고 다니는 대로
이리저리 갈팡질팡 선비인 듯 강아지처럼
뭡니까 이게

무기징역이나 받아야 할 반역을
빠져나갈 구멍이라도 있다는 듯이
나는 아니라고 외치는 당신의 눈동자
뭡니까 이게

10대의 여린 소녀들이
20대의 맑은 청춘들이

온몸 얼려가며 주먹 굳게 쥐고
부들부들 떠는 여의도가 그리도 보고 싶었나요
뭡니까 이게

쭈글쭈글 늙어빠져 병들어 죽는대도
당신처럼 늙지 않겠어요
뭡니까 이게

탄핵 현실

극좌나 극우
지랄염병을 떨고 있구나
이 고통의 와중에도

돌풍

거센 바람이 일면
생각을 하지 말기
생각 자체를 하지 말기

그
바람에
온몸을 맡기면 되는 것

무리를 따라
전체를 날려버리는 것
그럴 때 쓰는 말

돌풍
돌풍처럼

어묵 먹으러

간다 서울로
어묵 먹으러

간다 국회로
마음이 따끈한
어묵 먹으러

간다 여의도로
탄핵으로 이글거리는 연기 불며
마시는 국물이 일품인 그
어묵 먹으러

돈 있는 사람이
선 결제로 탄핵 참여자들에게 내놓은
민주의 염원이 따뜻한 바로 그
어묵 먹으러

사진 속 세 여자

대통령 탄핵 발표 순간
국회 앞 세 여자가 운다

그 모습 핸드폰으로 사진을 찍었는데
나도 격해 손이 떨리고 만다

사진 왼쪽 한 명은 떨린 손 때문에 잘려서 둘이지만
그 장면의 잔상이 지금도 강렬하게 사진 속에 있어
내 눈엔 셋이다

여자가 운다
하나는 코 풀면서
하나는 전화하면서
잘린 또 하나는 아예 쭈그리고 앉아서

사진 속 세 여자가 운다
아름답다

곁에 있는 남자들
핸드폰만 만지작거린다

주인 대접을 하라

불의에 반대하는 투쟁이 끝나고
승리를 쟁취하고 나면
국민이 해냈습니다
국민이 주인입니다
방정을 떤다

심장에 손을 얹고 생각해 보라
여름날 해운대 모래사장에 모인 인파를 보며
무슨 생각을 했는지

존경하는 국민 여러분이 해냈습니다
가
피똥 싸는 무지렁이들이 나를 또 먹고살게 했습니다
로 들린다

은혜도 염치도 모르는 소리 그만하고
당장 주인 대접을 하라
하루가 아닌 일 년 365일을

총경놈

국회 문을 가로막고
이것은 내란 행위라는 시민의 절박한 호소를 향해
그러면 내란에 동조하겠다고 답한 총경놈부터
당장 잡아서 수사해야 한다
명확한 범죄행위를 자백한 최초의 현장범이기 때문에
제일 먼저 족쳐버리는 것이 순서다
나중에 잡아 봐야 이런 조무래기들은 아무 의미가 없다
중요한 것은 시점이다
지금 당장이다

지시한 자보다 더 보기 싫은
이런 자들을 온전히 소멸시켜버리는 사례로
널리 이롭게 전파되어야 한다

서울대 법대의 수준

– 전주혜라는 인간의 변

유혈사태도 없었는데
왜 내란인가

이 정도면
아프리카 어느 구석진
지방 간이대학보다 못한 것 아닌가

이런 게 학교가
학원 아닌가
학원은커녕 그냥 똥통 아닌가

마음

– 김선교

탄핵만은 결단코 반대하는 이유가
딱 한 가지
정권 뺏기지 말아야 한다는 마음

중범죄임을 알고서도
정권 유지를 위해 외면해야 한다는 그 마음

그대의 최고 가치는
어떤 것으로도 대신할 수 없는 배지와 권력이라는
마음

뺏기고서
지옥 같은 5년을 어떻게 보낼 수 있겠느냐는 그
마음

대다수 국민의 뜻과 정의보다
자신들의 완장이 먼저라는 것은 너무도 당연하다는
비장한 결의의
그 마음

아

그 마음

가장 잘 알고 있다

- 한덕수

하라고 해서 다 하면
반드시 죽는다는 것을
가장 잘 알고 있다

늙은이가 영리해서가 아니라
피의자가 되면 자동으로 알게 돼 있다

목숨이 왔다 갔다 하는 일은
밥 먹을 줄 알면 다 알게 되는
생존의 본능이다

국가보안법과 맞서던 시절
피의자가 된 나도 그랬다
금방 알겠더라

절대로 믿지 말아야 하는 이유이다
반드시 처단해야 할 이유이다

탄핵이 답이다(개사곡)

성
저 캐롤송 원곡 명이 머시다요

뒷소리 '답이다' 같은 소리가 비슷한 제목 아니것냐
원래 노가바(가사바꿔부르기)는 그렇게 만들거든
다비다 다흐비다 너흐비다 등등

근데 성
성은 음악인임서 요것도 모르요

긍께말이다
내가 슬퍼분다

거리의 문구

이번 국면에서 올라오는 글 중에서
젤로 맘에든 문구는

"형장의 이슬로 사라지게 해야 한다"

근데
문학적 표현이 조금 거슬리긴 해
그래서 단도직입적으로다가

죽여버려야 한다
로 바꿨으면 좋겠어

인정한다

인정한다
미치지 않고서야 어찌
이 난장판의 정치를 헤치고 나가랴

인정한다
빨갱이 이데올로기로 숨 쉬고 사는
이 미쳐버린 종자들이 없다면 어찌
호전광들이 존재할 수 있으랴

인정한다
하나님도 내 말 안 들으면
자신에게 혼 난다는 목사가 없이 어찌
엉성한 호구들이 존재할 수 있으랴

인정한다
피투성이의 대한민국을
그런 인정 없이 어찌
맨정신으로 바라보랴

괴로워해야만 하는

– 남태령의 밤 2024년 12월 22일

추운 겨울 주말 밤

밖에 나가 서 있지 않으면

눈 떠 괴로워해야 하는

설한풍 맞으며 아스팔트 위에 서서

고래고래 소리치지 않으면

저녁 내내 잠이 오지 않는 새벽을 괴로워해야 하는

동지죽 먹으러 오라는 구순 노모의 간절한 밤에 묻힌

이 소박한 안락을 괴로워해야 하는

영희도 철이도 나가 있는 저 밤을

못난 몸뚱이로 TV를 지켜보다가

발을 구르며 괴로워해야 하는

천근의 무게나 되는 죄인이 되어 괴로워

한없이 괴로워

괴로워해야만

하는

핑계
– 나경원

민주당 지지자들에게 심한 말을 듣고
의사당에 들어가지 못했다는 너의 말을 들으니
지나간 유행가 가사가 생각나

내게 그런 핑곌 대지 마
입장 바꿔 생각을 해 봐
니가 지금 나라면 넌 믿을 수 있겠니

현장에 사람이 하나도 없었다면 모를까
온몸으로 저지하러 나온 시민이 바글거렸던 현장을 두고도
이런 막무가내가 먹히는 대한민국
하다가 또 하다가 이젠 계엄해제 불참마저 시민 때문이
라는 빠루

지금도 이해할 수 없는 그 얘기로
넌 핑계를 대고 있어

너만 보면
너만 보면
피가

계엄의 엄중함보다

– 준석아

쓰레기차는 석열이고
분뇨차는 재명이라 읽히던데

그럼 넌 뭐니
에스토로겐차니
프로게스테론차니
명대포차니

뭐니
대선 출마밖에 생각이 없지
솔직히 말해 그렇지

나이만큼 꼭 그만큼
생각이 짧은 너의 슬픈 운명이 벌써 보인다

그런 것들이

정치는 살아 있는 생물이라 말하는 것들이
정치는 최고의 예술이라고 소리치는 것들이
그런 것들이

어디서 분노하고
어디서 아파해야 하는지도 모르고서
날뛴다

입만 나불거리지 말고
예술을 모르면 영화라도 분석 좀 하면서 봐
그냥 쳐보지만 말고

몰아칠 땐 몰아치잖아
탈출할 땐 탈출하잖아
시작할 때 어떻게 해
쓰으윽 뭔가 있는 것처럼 시작하고
관객이 궁금할 즈음이면 짜안 얼굴 내밀잖아
쳐버릴 땐 폭풍이잖아
도망칠 땐 숨도 안 쉬잖아

영화니까 그런다는 말 하려거든
다시는 예술이니 생물이니 그런 말 하지 마
꺼져

이게 다
목숨을 내놓지 않기 때문이거든
요리조리 눈치만 쳐보기 때문이거든
꺼져

탄핵집회 후 귀갓길

동지들 모여 어깨 걸고
때론 처음 본 이의 손을 잡아주기도 하고
손뼉 치고 울고 웃고 목이 터지도록
밤하늘에 소원처럼 외치고
돌아서는 늦은 밤 귀갓길

적멸의 고요를
느끼는 순간

시점

물이 들어올 때 받지 않으면
내 힘이 강해졌을 때 몰아치지 않으면
물줄기는 가늘어지고 힘은 약해지기 마련이지

막다른 골목에 몰린 생쥐에게 구멍을 내주는 것이
태어나면서 천적인 고양이의 사전에는 없는데
사람 사전에는 가끔 있는 것 같아

강할 때 쳐야 해
약할 때는 못 치잖아
그냥 악만 쓰잖아
그리고 죽잖아

행여나 살아서 돌아온들
병든 몸에 온통 흰머리뿐이잖아

이유

가령
미국이 우리나라의 쿠데타에 개입한다면
누가 뭐라 하겠는가
가령
미국이 우리나라의 내란에 개입한다면
누가 막을 수 있겠는가
가령
미국의 부당 간섭을 백성이 막으려 한다면
누가 총을 쏘겠는가

가령
미국이 우리를 개돼지로 안다면
결과는 무엇으로 나타나겠는가

그러니
스스로 개가 되어 꼬리를 사정없이 흔들면서
오 마이 미국
목이 터지도록 컹컹대는 것이다

재밌는 상상

– 직업
– 대통령
– 다시
– 대통령
– 다시
– …
– 직어업
– …

– 이 씨발
넌 직업도 몰라
내가 가르쳐 줄까
마지막으로 묻는다
직업

– 내란…수괴

제2부

계엄 2권
그 나이에

치밀한 빈틈
– 내란의 초하루 일출

해는 뜨는 곳이 똑같다고
결코 해찰하는 법이 없다고

뜨는 곳을
열두 달로 나누면
일곱 번이나 바뀌는 해를 보고
위치 불변의 태양이라고 철석같이 믿는
굴절된 확신으로
삶의 빈틈을 채워 온 이가
세월이 흘러 잘못됐다는 것을 알게 되었을 땐
이미 늦어버린 듯
살아온 삶이 아까운 듯
자신의 오류를 절대로 인정하지 않고
외려 거짓을 더해
이간질까지 모아 악착같이
허위와 반동의 광기로 메꿔 가는 틈

치밀한 빈틈
악마의 빈틈

늘

곁에 있다

윤검찰의 공금

국민의 세금으로 운용되는 현금을
빌려 쓰고 갚는다는 것
공금을 잠시 빌려 쓰고 갚는다는 것

잠시 빌려 쓸 수 있잖아요

10억만 쓰자 곧 갚을게
300만 원만 돌려줘 다음 달에 갚을게
50만 원 부의금 좀 빼줘 내일 갚을게
똥 푸는 곳에서부터 용산 옥상 끝까지
친구끼리 돈 빌려 쓰듯 공금을 유용하는 나라

아
이런 사람들이 드글거리는 동네에서
나 무엇을 할까

뭘 믿고
- 갑근

돌아온다고
꼭 돌아올 것이라고
걱정하지 말라는 예언

온 국민이 생방송으로 지켜본 계엄
그리고 내란

아야
변호사는 역술인이 아니란다
점쟁이도 아니란다

뭘 근거로 그가 돌아오는 거니
갑근세는 냈니

질서 유지선

한남동 내란수괴의 집 앞 아스팔트 위에
그어진 바리케이드의 질서 유지선

그 바로 앞 사람들
이 추운 겨울 한복판에서
외려 반짝이는 눈으로 드러눕는 사람들
서리 내린 안경을 굽은 손으로 훑어 내고 잠을 준비하는
사람들
눈이 감기고 나면 얼마나 추울지 아예 생각을 하지 않는
사람들

그리고 다시
우리가 사는 땅의 자유를 가로막고 있는 질서 유지선
인간의 자유와 겨레의 평화를 가로막고 있는 질서 유지
선
저 선이 사라질 때까지
누운 채 얼어 죽어도 좋다는 한 시민의 입술 떨리는 절
규를
최상목의 삶으로는 이해할 수도 없을
어마어마한 월급을 받고 비겁하고 간교한 짓을

서슴없이 자행하는 최고위급 공무원의 삶으로는
도저히 상상도 할 수 없을 한남동 겨울 풍경에 대하여

눈물겨운 질서 유지선 그 앞에 누워
싸움은 우리가 한다고
국민은 편하게 주무시라고 외치며
2025년 1월 5일 동토의 땅 새벽을 베개 삼고 누운
한없이 한없이 순결한 우리의 겨레
우리의 형제 우리의 누이들

나라의 평화를 가로막는 저 질서 유지선
우리의 땅을 서럽게 분하게 억울하게 가로막고 있는 저
죽일 놈의 질서 유지선

어디에 있을까

– 최상목

정당한 체포영장을 집행하는 국가 기관에 대응해
경호 인력을 증가시키라고 명한 공무원

국가의 명에 충실해야 할
대통령 권한대행이라는 공무원이
국가에 무력으로 대항하는 조치를 취하라는 최상목

이걸
어떻게 이해해야 하는가

내란범에게 총을 주라는 나라
국민에게 총부리를 겨누라는 나라
이런 나라
또 어디에 있을까

그런 자를 잡아들이지도 못하는 나라
이런 나라 또 어디에 있을까

어디에 있을까
어디에 있을까

신년 전화

태국에서 안부를 묻는 지인의 전화를 받고
신년의 덕담이 우울하다

환율 땜에 망했다고
그런데 그보다 더 괴로운 것은
수치심이라고

태국도
베트남도 라오스도 캄보디아도
우리보단 낫다고 쳐다보는 것 같아서
얼굴을 들고 다니지 못하겠다고
방에만 처박혀 있다고

부끄러운 줄 알아야지
– 문재인 신년인사라니

염치가 추접스럽고 반동이 더러운 나라에서
대통령 한 것이 무슨 자랑이라고
이 엄중한 정월에
입바른 듯 깃털같이 가벼운 인사치레를 하는가

세월호 문제 하나 해결하지 못한 채
어쩌다 저런 인간을 앞세웠는지
누구의 눈치를 봤는지 심증은 간다만
한 발짝도 앞 나가지 못한 권력의 수괴였던 것을
부끄럽게 생각해야지

누구 말대로
먼저 가신 애국자들이 이 모습을 봤다면
권력에 환장한 거머리들이 사람 먼저 올라타고
피를 쪽쪽 빨아먹으면서
사람이 먼저다
라고 떠든다고 호통 칠 일을
무슨 자랑이라고 나불대는가
사람이 먼저다 대신에
부끄러운 줄 알아야 사람이다

라고 일갈을 할 것이 뻔한 오늘을
무슨 자랑이라고 낯을 내보이는가

부끄러운 줄 알아야지

뛰어난 인품에 예언자적 점지력
– 신평

뛰어난 인품
바이든 아닌 날리면

그래 이것은 억만 번 양보해서 맞다고 치자
환장할 인품이라고 치자

예언자적 점지력
평생 감옥 대기하고 있는
세상 어디에도 없었던 저 발악
안 잡히려고 발버둥을 치는 대통령
세계에 유일무이한 치졸하고 지저분한 대통령

그런데 왜
요것은 점지하지 못했을까

법을 공부하고
시까지 쓴다는 자가 도대체 뭘 보고 사는 걸까
세상천지에 이 같은 시인이 또 있을까

그래

그대가 주장하는
대체 불가능한 정치적 아우라 그 뒤에서
총칼을 앞세워 나라를 씹어 먹으려는 그 등 뒤에서
평생을 살아다오
시궁창으로 가면 시궁창으로
감옥을 가면 감옥으로 악착같이 따라가서
뛰어난 인품과 예언자적 점지력을
간당간당한 그 숨통 끊어질 때까지 사랑해다오

시인랍시고
내가 부끄러워 못 살겠다

부끄러운 것

촌스러우면 어때
말소리가 좀 시끄러우면 어때
조금씩 고쳐가면서 살면 되는 거지
부끄럽지 않아

근데
저기 좀 봐
용산 쪽을 좀 봐

지랄을 하는 무리 따로 있는데
부끄러움은 왜 우리의 것이 되는지

지인짜
창피하다

유튜버 생방송

용산 건물이 아무리 제아무리 넓어도
사방천지 암흑천지일 것이다
볼 것이 없을 것이다

한 줄기 빛
수구 반동의 유튜브
그러나 꺼질 수밖에 없는 빛
희망이 없는 빛
타다 재로 되어 흔적 없이 사라질 빛

세상에서 가장 괴로운 일은
꺼질 줄 알면서
대안도 없이
그 빛에 희망을 거는 것이다
그것도 아주 높은 곳에

그래
두 눈 부릅뜨고 꺼질 때까지 쳐다보거라
죽을 놈 소원 하나는 들어줄 법하다

눈비 맞는 아스팔트의 전사들

– 오기로 버티는 석열이의 집 앞 1/5일

울컥

손 비벼주고 싶다

울컥울컥

내가 잘못했다고 눈 맞추며 말해주고 싶다

울컥울컥 울컥

몸에 두른 은박지에 쌓인 눈 털어주면서

울컥울컥울컥울컥

꼭 … … 싶다

누구 없는가

눈 내리는 겨울
아스팔트의 노상 새벽을
온몸에 은박지를 두른 채 잘 수 있게 하는 힘은
동지의 뜨거운 핏줄에서 흐르건만

깜빡 눈 다시 뜬 아침
폭설에도 피할 생각 추호도 없이
아스팔트에 앉아 설풍찬 노숙으로
이 전쟁을 치르게 하는 동력은
진짜 애국자들의 의로운 용맹이건만

도대체 이게 뭔가
저 몸뚱이 얼어버릴까 애간장 태우는 것이
바라보는 백성들이 할 수 있는 전부란 말인가

불타오르는 적개심에 문드러지는 세월이여
한목숨 깃털처럼 날려 바칠 맹세로
수백 수천의 내란 동조자들을 모조리 처단할 사람
단 한 명의 남김도 없이 쓸어버릴 그런
지도자 한 명 만나지 못한 통탄의 세월이여

아

이제야 완장에 욕심이 난다

이제야 완장에 환장한 놈처럼 눈이 이글거린다

누구 없는가

정녕 누구 없는가

없을까

이승만이든 박정희든 전두환이든
이런 놈들의 동네에 갈 필요도 없겠지만 가게 된다면
"앞으로는 매국노나 독재자가 대통령이 될 수 없는 나라
를 만들 것입니다"

그리고 광화문에 가면
"촛불의 명령을 외면해서 석고대죄합니다
촛불혁명의 과업을 응원봉의 빛으로 결단코 완성하겠습
니다"

다시 여의도에 가면
"검찰과 사법의 개혁 악법철폐 진실규명 내란청산 등을
취임하자마자 6개월 이내에 선결 과제로 입법 처리할 것
이며
실천을 통해 반드시 5년 안에 해결하겠습니다"

남도의 광주에 가면
"그냥 울겠습니다
오늘은 눈물밖에 보여줄 게 없어서 죄송합니다"

바다 건너 미국에 가면
　"확실한 동맹을 위해서 디케의 저울에 우리 사이를 얹어
보겠습니다
　동맹의 깊은 뜻은 맨해튼에 있는 자유의 여신상과 같은
것입니다"

　설사 지옥에 가더라도
　"나 잘 살다가 왔습니다"

　이런 사람 하나
　어디 없을까

설마

혹여나 하는 마음이
바로 실재가 되는 작금의 현실

대한민국은 그랬다
설마가 사람 잡았다

설마 쏘겠어
설마 젖가슴을 대검으로 찌르겠어
1980년 5월 18일은 실로 끔찍한 밤이었다

설마 사실이겠어
지금 세상이 어떤 세상인데 계엄이야
2024년 12월 3일은 실로 엄청난 공포였다

1980년 그때부터 설마는 사실이 되었다
2024년 겨울 우려는 다시 현실이 되었다

어른이 문제다

울 아빠 석열이 핑계 대고 매일 술 마셔

초등학교 앞을 지나다가 우연히 들었다
초등학생이 대통령을 아무렇게나 부르는 나라

1980년 5·18 계엄 때도 그랬다
두환이 이 새끼 죽여버려야 돼
그런 말을 초등학생들이 하고 다녔다

그때부터
동방예의지국은 사라졌다
어른이 문제다

한쪽에선 여전히
버릇없는 아이들이 문제라고 한다

너나 빨리 재판 받아
- 경원아

체포영장 집행하는 것이
왜 내란이데
법 공부했다는 그대가 나보단 더 잘 알 텐데
왜 내란이데

총 들고 헌법기관인 국회를 막은
진짜 내란자를 체포한다는데
그것도 법의 모든 절차대로 하는 것인데
왜 내란이데

넌 딴나라에 사는 거니
그대가 사는 딴나라 법의 잣대를 가지고 재는 모양인데
우리 밥을 먹고 살면 우리나라 법을 따라야지 그러면 못써
차라리 악법이라고 소리쳐 봐
그래야 검토라도 해 볼 것 아냐

그리고
너나 빨리 재판 받아
언제까지 피해갈 수 있을 것 같니
그걸 아니까

그 느낌을 아니까

이러는 거니

그야말로 간교한

반드시 때려잡아야 할

너의 이름만 들어도 피가 거꾸로 솟는

아무리 아량을 넓혀 봐도 용서가 안 되는

어두운 방

이제 청소 좀 하자
제발 청소 좀 하자
시끄럽게 떠들지만 말고 제발

인공지능 청소기 하나 사자고 해도 안 사더니
그럼 그냥 청소기라도 가져오라고 해도 두리번거리더니
그럼 빗자루라도 들자고 해도 미적거리더니
그럼 나라도 한다고 해도 말리더니

갈수록 방은 더러워지고
폐기물 창고가 되어 간다

방이 어두워지면
잃어버린 첫 단추는 찾을 수 없고
피어오르는 음모는 당연한 것처럼
겨울 붕어빵 굽는 고소한 소리가 된다

중요한 것은
어두운 이 방에서의 핵심은
지치면 안 된다는 것이다

지치면 살 이유가 없어진다는 것이다

나무도 굽는다

불평은 개도 있다
불만은 고양이도 있다

나의 요구 조건을 상대가 알아야 해결책도 나오는 것
소리쳐야 얻을 수 있는 것
우는 놈 떡 하나 더 주는 것
그것이 세상살이다

한 생을 살면서
불평을 말하지 말라는
불만을 토로하지 말라는
인내하며 받아먹으라는
이런 말들…

불평은 꽃도 있어 흔들린다
불만은 나무도 있어 굽는다

공간이 아니다

경호처는
이제 공간이 아니고 완전한 내란범이다

빼도 박을 수도 없는 증거로 저항하는 이상
어떤 이유도 없다
박멸이다

저건 공간도 아니고 사람 사는 곳도 아니고
치맛자락 팔랑거리는 광녀들조차 살기 어려운
대체불가 용서 불가 즉시 진압해야 할 내란범이다

만약 나라면
제발 나라면

온 병력 총동원하여 하루 내에 쓸어버린다
역풍 같은 소리 하는 놈까지 모조리 쓸어버린다

제발
골수 속에 생각을 박아야 한다
저건 공간이 아니다고
현장범이다고

키세스

키세스가 뭐지
키스에 환장한 사람들인가

키세스의 뜻을 검색했다

키스란 단어도
복수가 있다는 걸 알게 되었다

그다음
초콜릿이 나온다

그리고 세 번째로
은박지를 두른 우리 전사들이 나온다
보자마자 금방 또 심장이 울컥 한다

나는 이제 키세스만 들으면
사랑에 빠져 헤어나지도 못한 채 울컥한다

진짜 미안해
이런 단어 뜻도 몰랐던 꼰대라서

투쟁만이 감동하게 하고
투쟁만이 확인하게 하고
투쟁만이 내가 못났음을 돌아보게 하는
2024년 12월의 만세
감동 투쟁 만세
키세스 키세스 만세

고맙다

내란을 막는 온 사방이 감동의 물결이다
예술쟁이에겐 무한한 행복이다
석열아 그래서 외려 고맙다
숨 막히는 하루일지언정
눈 뜨면 다시 숨이 막힐지언정
울고 분노하고 사랑보다 분노를 더 사랑하면서
이대로 행복하다

결과도 이젠 필요 없다
그냥 오직 전진하는 마음으로
그러면 된다

적으로부터 배운다

목숨 걸고 실행하는 것
그리고 사수하는 것

전부를 걸고 총을 들잖아
저런 생각을 해 본 적은 있는가

목숨을 건 해결 의지
실행할 결단
그것
있는가

경호처 직원들

얼마나 받아 먹었을까
아니면 승패와 관계없이 선불을 지급 받았을까

대장은 몰라도
부하들까지 사리판단 못 하는 것을 보면
연금의 두 배는 고지 받았을까

너희가 그러니까
별의별 생각을 다 해 보는 것은
백성으로서 당연한 것 아니겠니

거긴
공간이 아니야
내란이라는 현행범이야
공간이 아니라 인간의 탈을 쓴 악마의 현행범이야

손바닥에 왕자나 쓰고
일부러 국민 보라고 세 번씩 내보이는
그런 미친놈이 악마가 아니고 뭐겠니
거기에 빌붙은 처장도 이미 정상이 아니란 말이야

그런 자를 지키겠다고 하는 너희는 뭐니

놀랍지도 않아
너희 같은 종자들은 언제나 있었으니
일제 때도 전쟁통에도
4월에도 5월에도 10월에도 주구들은 있었으니
이젠 정말 놀랍지도 않아

눈높이

물고기는 물이 있어야 하고
아니 물속에서 살아야 하고
지도자는 물고기고 대중은 물이고
이것이 내가 고대 중국의 순자와 다른 점
그것이 바로 눈높이

옳고 그른 것을 따지자는 게 아니라
지금 대중의 눈높이가 어디인가를 보자는 것

내란 탄핵이라는 대중의 눈높이와
선봉에 선 지도부의 눈높이

정녕 지금
같은가

언제부턴가
물은 아주 조금씩 말라가기 시작했다
일심단결로 가는 저항의 길에서
이런저런 꼼수가 가져다준 게 뭔가
모든 게 늘어지는 세월뿐

탄핵 첫날부터

참가한 국무위원 전원 탄핵하고

사전 인지 의혹자들 모조리 고발하고

순식간에 몰아칠 여력이 없었던 거다

엄혹한 상황을 관리할 능력이 없었던 거다

지금도 없다는 거다

그러니 눈치를 보고 선거 일정이나 따지고

국민의 절박한 요구를 옆으로 살짝 밀어 두는 거다

그러면 선량한 국민의 고통은 곱으로 가중되면서

그렇게 서서히 물이 빠져 가는 거다

거기다가 빠지는 물엔 미꾸라지들이 휘젓고 다니고 말
이다

눈높이를 무시하는 것

그런 승리는 승리도 아니다

이대로 간다면

적들은 숨통이 있는 한 물고 늘어질 것이다

법원에서 검찰에서 파출소에서 안방에서 화장실에서

그 어디든

전선에 나선 시민들을 제쳐 두고라도
선 결제까지 하는 어묵 아저씨 커피 아가씨 떡 아저씨
무슨 무슨 동네 막걸리 아저씨 등등
이런 사람들이 뭘 원하겠는가
절박한 것은 내란의 문제이지
너희의 미래가 아니란 말이다
국민이 뭘 원하겠냐고

다시 한번 정신 차릴 이유는 분명하다
타협하는 그런 승리는 승리도 아니다
색을 바꾼 회귀일 뿐이다

당장
지금의 눈높이를 재라

내란성 세월

누가
나이를 묻는다

갑자기
생각이 안 난다

내란의 기상

눈뜨면
핸드폰 찾고
씨발

욕으로 시작한다

대통령을 체포하는 게 아니라
내란 범죄자를 체포하는 거야
이 씨발로마

비참한 지성

김건희 논문
표절이 아니라며
권력의 매와 돈벌이 앞에서
양심을 팔아버리는
아니 양심을 바꿔버리는
지성

갈가리 찢긴 양심으로 평생을 살면서
가르치는 흉내나 내며 밥 빌어먹는
인텔리겐차

거짓에 저항하지 않는 지성
기만에 몸을 숨기는 인텔리겐차
쓸모는 사라지고 외려 마의 상징이 되는
지성

다시 정권이 바뀌면 귀신같이 얼굴을 바꾸는
처참한 인텔리겐차

펜 대신 차라리

망치를 들어야 할 대한민국의 지성

참으로 비참한 지성

이런 자들과 함께 산다
– 연예인이란 놈이

"이승만 대통령도 잘하셨고 박정희 대통령도 잘하셨고
전두환 대통령도 잘하셨지만
윤석열 대통령이 지금 제일 잘하고 있다
탄핵 반대한다"

정녕
죽도록 살기 힘든 것은
나라의 분단과 반동의 통치가 아니라
이런 자들과 한 하늘 한 땅에서 산다는 것이다

현실이다
우리는

애가 끓는다

"윤석열은 적폐청산 수사와 검찰개혁을 이끌 적임자이다"
대변인 고민정의 입은 당당했고

완장 차자마자
바로 상관 수사 들어가고
35일 만에 조국 잘리고
또 추미애 뒹굴고
그 발판으로 대통령 되고

총장 이후 5년 동안
온갖 만행으로 국민 속을 태우더니
내란 수괴가 되어 숨어서 나오질 않고

애가
끓는다

나는 오늘도
노래 대신 욕 연습을 한다

생각이라는 것

– 김민전

"탄핵은 가는 곳마다 중국인들이 찬성하고
한 번도 농사짓지 않은 트랙터가 서울을 돌아다닌다"

이 왜곡된 선전 선동의 말
누구의 입을 벌려 먹일 것인가

아마 초등학생만 돼도 먹히지 않을 것을
한 손엔 태극기 또 한 손엔 성조기
그리고 주둥이엔 이스라엘 국기를 물고 게거품을 무는
뇌가 개 머리와 같은 이들의 아가리에 처넣는 것이다

마치 달콤한 먹을거리인 양
굶주린 자들만 쫓아가서
먹이는 것이다

그리고 흐뭇하게 자신을 생각한다
내가 바보라서 이런 선동을 하는 것이 아니고
나의 배지가 걸렸기 때문이다고
백성의 안전은 안중에도 없다고

내란의 밤

없다
있는 듯 없다

반대하면 다시 반대하고
또 반대하면 다시 반대하고 꼴이 엉망이다
먼저 끄는 것처럼 보이지만 늘 끌린다

있는 듯 없다
상황에 따라 현실에 따라 대처하기에 바쁘다
우왕좌왕 따라다니면서 있는 듯 없는 밤이다

모든 것을 버리고
오로지 변혁을 위한 마음 하나
그 깃발이 있는 듯 없는 밤이다

그 나이에

나후나는 욕심이 너무 많다
뭘 더 얻으려고
그 나이에

과욕 과식은
늘 배를 아프게 한다는 것을
모르는 것 같다
그 나이에

아이가 아장아장 걸을 때면
엄마가 제일 먼저 가르치는 것이
많이 먹으면 배 아파요
라는 것을 모르는 것 같다
그 나이에

나이 많이 먹으면 뭐해
도를 오래 닦으면 뭐해
징역 오래 살면 뭐해

다섯 살짜리가 배우는 것도 모르는 것을

하루 반성하고 깨닫는 이보다 못한 것을

구치소 삼 일 살고 나와서 개과천선한 이보다 훨씬 못하는 것을

나후나의 욕심은 끝이 없다

도대체 뭘 더 구하려고

그 나이에

내란성 무반응증

이 난리통에 부산 공연 다녀왔다
어딜 가나 주제는 탄핵이다
무엇보다 노래하는 벗들 한꺼번에 만나니 좋다

콘솔에서 세팅해 준 기타 소리가 안 나오는데
내 몸이 아무 반응을 않는다
이 마당에 기타 소리 안 나온다고
뭐 잘났다고 구시렁대나
그냥 하면 되지
스스로 그렇게 생각하고 그냥 노래했다

돌아오자마자
온몸이 쑤신다

강경대 열사 아버님

— 백골단을 소환한 내란의 백정들 앞에서

91년 징역 살 때
날벼락 같은 소식을 듣고
처음으로 독방징역에서 폐소공포증을 경험했습니다
경대의 애창곡 '투쟁의 한길로'와 함께

1988년 전남대 오월특위 활동 시절
처음으로 만들어진 오월특위 산하의 전투대
그 이름 오월대가 만들어진 것도 백골단 때문이었습니다

한번 달려들면 끝까지 쫓아와
이루 말할 수도 없는 폭력을 자행하며
잡아채는 두려움 때문에
이에 대응하는 대오의 절박성 때문에 조직된 것이었습
니다
선봉의 남성들이 밀리면
배후의 선전 대오인 여성 동지들의 안전은 보장할 길이
없었습니다
찢기고 밟히고 손발 다리 가슴 머리채를 다 내주고
토끼몰이에 무방비였습니다
학교 앞은 물론 금남로 충장로 서현교회 미화약국 앞

광주 어디든 안전한 곳이 없었습니다

급기야 어느 날부턴가
아침에 운동장을 바라보면
오월대가 전투 훈련을 하고 있습니다
적과 아를 나누고 전투대는 쇠파이프를 들고
격렬히 저항하는 모습이었습니다
우리의 전투력은 날로 배가 되어갔습니다
강력한 방위력이 확보되어갔습니다

해가 갈수록 그렇게 무장력을 높여 가던 중임에도
강경대는 처참한 분노로 우리에게 다가오고야 말았습니다

아
지금도 추모의 날이 오면 그토록 아프기만 한
죽기 전엔 치료가 될 수 없는 한을
2025년 벽두에 다시 소환한 악마들이 있습니다
어쩌면 좋습니까
한 발짝도 진전하지 못하는 역사를 어찌하면 좋습니까
정녕 어찌하면 좋습니까

아버님

어쩌면 이런 세상도

우리가 살아내야 할 몫인 듯싶습니다

강건하소서

울지 마소서

다시는 경대 같은 아픔이 없어야 한다는

당신의 절절한 역사의 신념

그 신념만을 사랑합니다

사랑합니다

대한민국에 사는 한
– 윤석열 체포되는 날

끝은 없다
이 생애에

눈 뜨면
맨날 시작이다
대한민국에 사는 한

눈 감으면 모를까
숨 멎으면 모를까

다시
투쟁은 오늘부터 시작이다

축하한다

체포라는 밧줄을 잡고
능히 그 목적을 달성했으니
단 일 초라도 물고 늘어지며
세상 물타기에 성공했으니
어차피 체포될 줄은 알고 앞으로의 탄핵은 더더욱 잘 알
고 있는
너희가 택한 가장 현명한 전술이었으니
일단
축하한다

그래
시간이라는 것이 참 오묘해
조금만 지나도 상황은 변한다는 것을 너희는 너무 잘 알
고 있었어
성공했잖아
친일파 물타기도
박정희 매국노 인상 바꾸기도
보수의 진실한 정당이라는 명분도
그리고 보면 너희는 성공하지 않은 게 없어
이 모든 게 다 그 시간 때문이라는 걸

너희는 이번에도 잘 알고 활용했어
축하한다

이젠 남은 행동은 뭘까
궁금해진다
내가 먼저 말해 볼까

너희 반동은 반동대로
미국은 미국대로
공권력은 공권력대로
민주진영은 진영대로
또 각자의 내부는 내부대로
모든 깃발이 난무하며 엉킬 앞으로의 경우는
이미 충분하다는 걸 간파했겠지
벌써 그런 기조를 보이는 곳과 사람도 있으니
그건 쉽게 알 수 있었겠지

그래서
모두가 한목소리로 외치는 것에 짓눌려
정당 해산을 맞이하지 않기 위해 발악을 하겠지

발악할 무기는 많겠지 트럼프도 있고 재명이도 있고
돈도 있고 또 뭐 많겠지

물러설 일은 없겠지
그 많은 부정과 비리들 감출 방법은 오직 전진밖에 없겠지
너희 의원 하나하나의 모가지가 달린 일인데
물러설 수야 없지 않은가 말이다
결론은 석고대죄하는 마음이라는 명분을 걸고
석열이 혼자만 죽일 놈으로 팽개치고
거리에 나가 무릎 꿇고 큰절하며 대국민 사과 발표하고
다시 일어나려 안간힘을 쓰겠지
그리고 겉만 당 해산이라는 꼼수를 두고 살짝 이름만 바
꾸겠지
몇 명의 희생은 감수하겠지만
그 얼굴이 그 얼굴인 너희의 당이 또 되겠지
악마의 당이 또 되겠지
그래
그러면 대단하다
성공하면 축하할 의향은 있다
그리되면 너희가 이긴 거니까

아예

당겨서 축하할까

축하한다

구치소에 와서

2022년 3월 9일 수요일
기호 2번 윤석열은 48.6%
기호 1번 이재명 47.8%

구치소에
와서

왜 찍어줬냐고
국민을 원망하는 것은 아닐까

왜 이런 나도 못 이겼냐고
이재명을 원망하는 것은 아닐까

소소한 복수

2001년 서울구치소 징역 살 때
조선일보 사장 방상훈이가 옆사동에 있었다

운동 나가 들어올 때마다 나는
신고 있던 고무신에 모래를 가득 담아 와서
방상훈의 독방 식구통을 열고 확 뿌렸다
어쩌다 얼굴이 보이는 날엔 면상에 확 뿌렸다

(문이 잠겨 있는데 지가 뭘 어쩔 것이여)

어느 날인가 모래가 반대로 팍 튀어 나왔다
알고 보니
그래도 살겠다고 저도 사람이라고 잔머리 굴린다고
안에서 라면박스로 식구통을 막은 것이다
뛰는 놈 위에 나는 놈 있듯이 그래 봐야 소용없다
발을 집어넣어 팍 뚫어버렸다

그리고 일장 연설을 했다
재소자 여러부~운
이 도둑놈을 못살게 해야 합니다

운동 나오면 모래를 식구통에 처먹입시다

늙은 놈
청소하려면
하루가 개 같은 날이었을 것이다

석열아
곱징역 한번 살아 봐라

무자비

처단은
무사한 처단이란 것 자체가 우스운 것
처단의 본질은 무자비
피를 흘린들
죽는들

반복이 없으려거든
그렇게
무자비

벌떡벌떡

계엄령을
잘못 베꼈다니

우리를 개돼지로 보는 게 아니라
완전히 이런 개돼지들이 없네

자다가도 벌떡 일어나게 하는 저 개돼지들
잡혔는데도 치미는 울화는 가눌 길이 없다

변호사도 개새끼
별 네 개도 개잡종
국회의원도 개돼지
내란수괴도 맷돼지
…

체포가 후련하기는커녕
화가 나 미쳐버리겠다
벌떡벌떡 일어난다

석열 코비드

코로나가 시작된 2020년 5월
5·18광장에 서서 전두환을 생각했어

코로나가 이미 사라지고 없는 2025년 1월 15일
인간 코비드를 생각했어

온 국민을 순식간에 감염시켜버린
내란 코로나

범인이 체포됐어도 통증은 전혀 사라지지 않고
무겁고 아프기만 한 것은
검증되지 않은 예방주사를 맞고 있어서 그런 것 같아
1차 2차 3차…

검증된 예방주사는 오직 하나
일어서는 시민뿐이다 보니
아픔을 넘어 솔직히
무서워

체포 날 입장 변호

- 석동현

머리가
이렇게 다른가

공수처와 법원이 왜
무도한 종북 주사파의 동조 무리인가

아
심리학자가 되고 싶어라

설사 법 해석이 다르다 한들
도대체 왜
아무런 증거도 없이
종북 주사파들의 준동이라고 나불대는가

흥분해도 선을 넘으면
평생 쪼다가 되는 거다
이 쪼다새끼야

모지리 같아서

경호차를 타든
호송차를 타든
잡혀가는데 무슨 의미가 있니
그러면 콩밥 대신 쌀밥 주니

어차피 잡혀갈 것이면
중과부적이었음을 빨리 인정하고
조사받으라고 할 때 당당히 나서서
국법 앞에서 너의 어이없는 정당성을 씨부렸어야
극우들도 덜 지칠 것 아니겠니

스스로 정의라고
저만 잘났다고
그 지랄 떨다가 잡혀가 버리면
너의 친구 수구 반동들은 어떡하니

불쌍하리만큼 멍청한 것 같아서
아무리 생각해도 미련한 것 같아서
무기와 사형을 저울질하는 너의 잔머리가
하도 바보 같아서 영어로 스튜피드 뭐 그런 것 같아서

어리석은 것은 어디 써먹을 때가 없다는
그런 생각이 들어서
누워 있다가 벌떡 일어나고 말았어

어휴
모지리 같아서

악의 수렁

박근혜 탄핵은
악의 수렁이었다
시민이라는 이름으로 모두가 수렁으로 빠져들었다

이명박근혜의 똥바닥에 허우적거려 본 우리는 안다
문재인의 미나리깡에 질퍽거려 본 우리는 안다
탄핵이 얼마나 깊은 수렁인가를

불안한 세상에선 불안해야 한다
미친 세상에선 미쳐야 한다
불안하고 미친 세상에서 안정을 찾는 그대
그대가 바로 악의 수렁이다

생각할수록

이해할 수도
용서할 수도 없다

도대체
뭘로 보고 계엄을

진짜
개돼지로 봤을까
그랬을까

아직도 차오르는 분을
잠재울 길이 없다

친구지정

− 권성동

오랜 친구라서
국회의원이 아닌 옛 정리로 정치하는
양아치 정치의 정수를 보여주는
정신 나간 친구

친구여서
잘못했을 때 제일 먼저 꾸짖어 주는 사람이 아니라
나라를 팔아먹어도 옹호해 주는 그런 사람들의 모임 속
에서
정신이 멀리 나가버린 친구

나는
이런 삶을 사는 개인보다
저런 이들에게 금배지를 달아주는 사람들이
더없이 안타깝다
더없이

세계 1위

대통령 때문에
전 국민이 눈 뜨면 핸드폰 들고 욕하는
유일무이한 나라 됐다
내란에 환장한 모리배들 때문에
세계 1위 됐다

서울구치소로 향한다

수취 거부부터 체포까지
여덟 번을 거부한
배짱인지 생각이 없는 건지 바보가 되어
서울구치소로 향한다

죽어도 호송차는 타기 싫고
죽어도 경호차에서 죽는 것이 멋있다고 생각하는 멍청
이가 되어
심정은 망가진 채 서울구치소로 향한다

반드시 나온다는 생각으로
묵비권의 굳은 결심만 하는 호구가 되어
아무 대안도 없이 서울구치소로 향한다

그래도 술은 고픈지
배알 통을 쓸어 만지면서
간절한 술 생각을 버리지 못하는 주정뱅이가 되어
몸뚱이를 굴리며 서울구치소로 향한다

법을 가장 잘 안다는 경솔함이 도를 넘더니

끝내 법을 밟고 다니는 머저리가 되어
극우 유튜빙 딱 그것밖에 모르는 망나니가 되어
달그락달그락 서울구치소로 향한다

니미럴

저놈 잡혀가는 것이 아니라
멋진 차 타고 놀러 간다

잡히자마자 경찰병원으로 호송됐던 기억
머리부터 발끝까지 얼마나 맞았는지 잡히고 난 뒤
계속 토하면서 조사는커녕 젤 먼저
경찰병원으로 끌려갔던 나의 기억
3일 만에 유치장으로 돌아온 기억
어제처럼 떠오르고

하
쟤 좀 봐
체포되어 끌려가는 것이 아니라
나들이 간다

배에시익

배에시익
식사시간을 알리는
교도소의 구호 소리

야 우두머리
뭣하고 자빠졌냐
밥 받어 새꺄

가만히 앉아서 밥 받아 먹으니까
여기가 천국인 줄 아나 봐
정신 차려 새꺄
여긴 지옥이야 새꺄

석열아 너도 해

매일같이 눈 뜨자마자
너의 잘못 없다고 선동해
재소자 여러부~운
창살에 주둥이 대고 각 방의 재소자들을 크게 불러내
그러다가 욕 듣고 얻어터지는 것은
책임 못 지니까 알아서 하고

너도 해
억울함을 알려 봐
적의 무도함을 알려보라고
아무도 알아주지 않으면 단식도 해 봐
끝장 단식도 해 봐 그러다가 고꾸라지면
그것도 책임 못 지니까 알아서 하고

석열아 어서 너도 해
혹시 아니 사형이 무기로 내려갈지
그래도 사형이면 내 알 바 아니니까
그것도 네 알아서 하고

시간과의 싸움

시간과의 싸움은
긴 시간도 찰나

차가 앞에서 조금 밀리면 마지막 차는 하룻밤을 자야 하지만
연극의 진행이 시작부터 조금씩 늘어지면 끝날 즈음엔
시간이 배가 되기도 하지만
결국은 찰나

시간과의 싸움은
아무리 긴 시간도 찰나
수만의 시간도 마지막은
일 초 먼저 건너서 살고
일 초 늦게 건너서 죽어버리는 찰나

하루가 일 년 같은 오늘 우리의 투쟁도
끝내는 찰나

궁금해
 — 특검법 수정안

여기까지는
보수적 정당 세계인 우리나라에서
이미 다 예상된 것이니 그냥 두고
그러면 외환죄는 누가 고발하고 수사는 어디서 하나

외환죄
어찌 보면 이번 사건의 전부인 것 같은데
전쟁광의 실체를 밝히는 것이 한반도 평화의 디딤돌이
될 듯한데
위험천만한 전쟁을 아무렇지 않게 조장하는 행위가 본
질인데
어디서 밝히나

외환죄를 물어야만 평화가 올 텐데
북한의 심기를 건드리는 구체적 방식을 낱낱이 까발려
국민에게 경각심을 주어야 할 텐데
전쟁을 부추기는 수단으로 국가 정보 권력이 어떻게 이
용되는지
아주 섬세하게 상세하게 국민 앞에 공개해야 할 텐데
이에 동조 옹호한 이념의 쓰레기들을 치우는 계기로 삼

아야 할 텐데
   누가 어디서 하나

   누가 어디서
   어떻게 수사하나

탕

- 윤석열 실질심사

너릿재 넘고 남태령 넘고
마포대교 건너고 지하주차장으로 다시 내려가고

이러다간
백두산령도 넘겠다

애타는 마음들 속에
차라리 총소리 들린다

탕

제3부

계엄 3권
시간

대한민국 민중의 축하
– 내란범 구속된 날

늘 쓸쓸했다
삼일절도 4월도 5월도 광복절도
결혼 날도 아이가 태어난 날도
다시 아이가 커서 시집간 날도 돌아서면 원점이었다
그것이 민중이었다
그러면서도 그때마다 행복하다고 말했다
행복할 시간도 없는 이 땅의 반동화는
늘 시작만을 강요할 뿐
매듭의 끝을 단 한 번도 손아귀에 넣어주지 않았다

그래서 오늘도 할 수 없이 행복하다
가난한 자가 무슨 생각으로 그러는지
자신의 피를 빨아먹는 부자를 지도자로 뽑아놓고
존경과 사랑을 외치며 난동을 부리는 기기묘묘한 오늘
이 기쁘다

쓸쓸하다
우리를 축하한다
내란범이 구속된 날이다

지금부터 있다

어느 집단을 가나
갈 길을 방해하는 자 하나는 있다

외부의 저항보다
내부에서 훼방질하는 하나가
모든 분열의 원인이 된다

자신의 잇속 때문에 대의를 밀치려는 자
반동 처단의 대의를 밀치려는 자
속도를 늦추려는 자 타협하려는 자
지금부터 눈 크게 뜨고 보라 꼭 있다
그런 자 튀어나오는 즉시
단숨에 목을 베어버릴 칼이나 있는가
잘 지켜볼 파수꾼은 있는가

어디를 가도 반드시 있다
그대 있는 거기 서울특별시에도
나 있는 여기 깊은 산골에도 있다

개와 주인

개는
항상 자기 본분을 알아야 한다
개가 자신의 지위를 착각하면 그 순간 파멸이다
하물며 주인을 무는 경우는 말할 나위가 없다

주인은
개를 잘 훈련시켜야 한다
사람을 물지 않게 하는 것도 주인의 몫이다

대통령은 주인을 잘 따라야 하는 개와 같다
국민은 개가 오로지 주인을 위해 복무하도록 잘 살피는
개의 주인과 같다

개와 주인이 본분을 망각하면
상생의 개념은 즉시 사라지고 바로 파멸이다

왜 주인이 개를 우러러보는 것인가
왜 개가 주인을 물어뜯는 것인가

개에 관한 법이 시행된 후 개값이 마구 올랐지만

5천 원짜리가 2만 원이 됐지만
오로지 궁금한 것은

왜 개 주인이 개를 무서워하는가
왜 개가 개 주인을 부려먹는가

사람과 개와 정치

똥개들은
밥만 주면 된다
다른 게 필요 없다
주인을 지키기 위해 으르렁거리고
집을 지키려고 인기척만 나도 컹컹거리지만
주인이 해찰할 때
아무나 나서서 밥을 주고
슬그머니 그 자리 피해 주면
잠시 경계하다가도
언제냐 싶게 처먹어 댄다

똥개 같은 인간들은
밥만 주면 된다
다른 게 필요 없다
남을 위해 살겠다고
국민이니 나라니 통일 따위 말을 씨부리며
입에 거품을 물지만
우리가 해찰할 때
국민의 뼛골을 빼먹고 사는 자들이
권력의 밥을 주고

똥구멍 살살 긁어 주면
잠시 안 먹는 척하다가도
썩은 미소를 살짝 흘리면서
잽싸게 처먹어 댄다

개나 사람이나
밥만 주면 꼬리를 친다

호로석열의 새끼

작당 모의를 하는 어느 인터넷 방에서
이 욕이 나온다
최고 험한 욕이라고 선전한다

근데 어쩌냐
나는
문
수
같은 놈이
천하제일 더러운 욕인데

에잇
바꿀까

안됏
지조가 있어야짓

석열인 좋겠다
전 국민이 눈 뜨면 대통령을 욕하는
세계 1등의 나라로 만들었으니

모로 가든 도로 가든 1등이니 됐냐

이 개 호로석열의 새꺄

나이 서른셋에
– 서부지법 폭도들

나이 서른셋에
휩쓸려 들어왔다는 것을
변명이라고 하다니

다섯 살도 아니고 열다섯도 아니고
서른셋에 휩쓸려 들어와서 두렵고 무섭다니

몇 푼의 지폐에 청춘을 팔아버린 자들에게서
무슨 향기가 날까
저질러 놓고 당당지도 못한 채
자신의 운명과 양심을 망가뜨리는 자들에게서
무슨 청춘 미학을 찾을까

나이 서른셋에
이순신은
안중근은
그리고 지금 너희들은

"개인적으로 구호 외치러 왔다가
휩쓸려 들어와서 현재 체포되어 있는 상태입니다

너무 두렵고 떨립니다

살려주세요…"

괴물

괴물은 남에 의해 만들어지는 것이 아니라
고래고래 소리 질러도 들어주는 이 없을 때
주변의 송사리들과 함께 스스로 괴물이 된다
역적과는 다르다
반동과도 다르다

자체가 처참하다
생존에 이유도 없다
그래서 괴물이다

대처

대장이 부드러우면
부대장은 무관용 행동
앞장선 이가 선비 같으면
곁을 따르는 이는 장군
남자가 부드러우면
여자는 대쪽

이렇게 번갈아 가며
달래면서 추상을 보여주는 것이
대처의 기본

기본에 충실하다 보면
쓸어버리는 시점은 오게 마련

놓치면
끝이다

죄명

죄명
내란 우두머리

그에 따라오는 죄명
내란 우두머리 공조 및 동조

살다 살다 이런 죄명
대통령에게 이런 죄명

죄명의 최후 보루
대통령에게 적용한 죄명
소머리도 돼지머리도 아닌
내란 우두머리

차라리
내가 간절하게 갖고 싶은
때론 매혹적이기까지 한 죄명
내란 우두머리

그랬겠구나

계엄 이후
내란의 현장과 소식을 담은 영상이 뜨면
나도 모르게 손이 간다

아
그랬겠구나
이런 맛에 유튜브에 빠지는구나
석열이도 그랬겠구나

오늘은
유튜브 중독 때문에 계엄을 발동한 윤석열이라고
외신에 떴다
대서특필로 떴다

나보다 더

목사가 더
더 잘 아는 것 같다
하나님은 없다는 것을

나는
하나님 미안해요
내가 돈 버느라고 바빠서 당신 찾을 겨를이 없어요
이번 생은 한 번만 봐주세요

목사는
하나님 너는 없어
그래서 너도 잘못하면 나한테 매 맞는다고 큰소리 빵빵
쳤더니
좀 봐 봐
신도들 난리났잖아

교활하고 악랄한 인간
이 초특급 비밀을 나보다 더 잘 알고 있다니
99개 꼬리만 보이는 이 늙은 백여우

그런 데 왜 가시나요

목사라는 자가
입장과 견해가 다르다는 이유로
이재명 암살계획의 성공을 빈다며
살인 옹호 발언을 하는 곳

그런 데를 뭣 하러 가시나요
그렇게 갈 데가 없으신가요
어쩌다가 그 나이 되도록
같이 놀 벗 하나 제대로 없어
그런 데 가서 말을 섞는가요

생명의 존엄 앞에서
하나님을 팔아 살인을 부추기는 목사
목사가 그래선 안 되는 거잖아요

당신은 그래도 된다 한들
목사는 그러면 안 되는 거잖아요

당연하다

증거의 모든 것은 부당하다고 해야 한다
수사의 모든 행위는 말과 다르다고 해야 한다
보이는 모든 것은 안 보인다고 해야 한다
당연하다

본인들과 연계되지 않은 것이 단 하나도 없기 때문이다
하나하나 들어주다 보면
마지막 칼끝은 제 목을 겨냥한다는 것을
너무나도 잘 알기에
법도 경찰의 수사도 검사의 영장도
판사의 집행도 헌법 자체도
모든 적용은 부당하다고 해야 한다
당연하다

내란척결이라는 어마어마한 통에
모조리 처박히기 전에
전력을 다해 부당하다고 해야 한다
당연하다

그렇다면

그렇다면

우리 또한 당연해야 한다

저들의 처단은 당연한 것이다

그리운 깃발

내가 쳐들어갈 기회라고 볼 때
그는 말싸움할 때라고 본다

내가 박멸의 깃발이 일어나는 시간이라고 볼 때
그는 꾸짖고 호통치는 시간이라고 본다

내가 하늘이 준 천운이라고 볼 때
그는 비참한 현실이라고 본다

첫걸음부터 길이 달라도 너무 달라서
생각이 달라서 하소연할 깃발을 찾아보지만
깃발이 없다

난무하는 깃발 속에서
전체를 지휘하는 깃발이 없다
그 깃발이 그립다

검찰처럼

내란의 무리 처단이라는 국민의 의지가
아무리 하늘을 찔러도
경찰이 헛짓하면 그만이다
검찰처럼

제도가 나빠서 안 되는 게 아니라
그 안에 똬리를 틀고 있는
백 년의 숙적들이 우선 먼저 문제다
진정한 암 덩어리는 제도가 아닌 그
숙주들이 먼저다
검찰처럼

먼저다
검찰처럼 그리고
공수처처럼
석열이처럼

더러워

서신 접견 금지뿐 아니라
똥도 못 싸게 해야 해
똥 속에 뭐가 들었는지 몰라

입만 열면 거짓말이다 보니
항문 열면 내란 버러지들이 마구 꿈틀거릴지 몰라

좌우지간
아무것도 못 하게 해야 해

주둥이나 항문이나
정말
더러워

내란이죠

내란이죠 맞죠
이렇게 말할 것이 아니다
실패하면 사형범죄이고
성공하면 혁명이다

내란이죠
가 아니다
완벽한 내란이다

소요니 특수폭력이니 하는 것들
아무것도 아니다
무서운 내란이다

대통령이건 당이건 집단의 난동자들이건
구분 없이 하늘 모르는 광기의 내란이다

지금처럼

헌법이 휴지가 되고
그 휴지 위를 밟으며 난동을 부리는 인간들을
곳곳에 숨어 배후조종하는 나라는
일단 망한 나라

이를 완전히 청산하고 재건할 깃발을
제대로 들지 못하는 나라는
이단 망한 나라

그저 겉으로만 분노하고 속으로는 적당히 합의하여 청소하고
언제 그랬냐는 듯이 다시 물어뜯고 왈왈거리며
엉망진창으로 싸우게 될 나라는
삼단 망한 나라

삼단 연속 뛰기로 위대한 대한민국의 미래는
지금처럼 사는 거다

분노하고 물어뜯고 또 분노하고
그러다 죽는 거다
미래가 그렇다

누구일까

저들이
윤석열이를 감옥에서 못 나오게 하는 것들만
골라서 하는 짓엔 무언가가 있다

계엄에서 지금까지
이 엉뚱한 지침은 어디에서 오는가

유리하게 하려는 정황은 찾을 수가 없다

법을 거부하고
괴변을 논리로 포장하고
폭력을 조장하고
펼치는 작전마다 깊은 징역의 낙인이 있다

왜일까
맹신의 늪으로 밀어 넣는 자
누구일까

악착같이 질질 끌면서 안착하려는 이면에는
석열이라는 적당히 처분하는 카드가 있다

시간을 어떻게든 잡아 두고 분위기를 모사하는
이 전술의 끈은 누가 잡고 있는 걸까

뭘까
누구일까

시간

태어날 때부터
시간은 내 편이 아니었다

시간은 내가 정복해야 할 고지일 뿐이었다
시간은 늘 화급을 다투었다
시점을 잃으면 냉정했다

죽을 때도
나를 향해 몰아쳐 올 시간은
절대 내 편이 아닐 것이다

끌리는 것이 아니라 끌고
머뭇거릴 것이 아니라 쏜살같이
시점이 오면 뒤도 돌아보지 말아야 하는 이유이다

아무리 갈구해도
시간은 내 편이 아니다

치료

어금니를 뺀다
후배 여의사가 어금니 두 개를 뺀다

– 형
하나씩 빼면 안 될까
내일 또 나올 수 있어

– 아니
지금 다 빼줘

– 손에 힘 좀 풀어
이도 작작 악물고
이러니 치아가 안 좋지

마취를 하고 누운 채로
청소 안 된 뒷골목 같은
모니터 속 내 치아를 멍하니 응시하는데
나도 모르게 눈가에 주르륵 눈물이 흘러내린다

이러지도 저러지도 못하고

누워서 어디 달리 쳐다볼 때도 없다

― 형
왜 그래
공연할 때 보니 아직도 짜앙짱 하던데
이러지 마

― 아무리 발버둥을 쳐도 안 되는 것은 안 되나 봐
산다는 게 뭔지도 모르겠어
나이 드니까 치아 하나도 내 말을 안 들어
세상 좀 봐 계엄이고 내란이고
뭐 하나 되는 게 없어
세상 좀 봐

― 우울은 없고

― 왜 없겠어
일상적인 전쟁인 걸

― 그래 당연히 올 거야 왜 없겠어

나도 찾아왔었어
근데 지금 다시 일하고 있잖아
그러니 형도 힘내
형답지 않게 왜 그래

따뜻한 위로는 동병상련의 치료가 되고
텅 빈 이빨 자리는 두툼한 거즈가 채운다

버렸는데 남기고 온 듯
평생을 함께했던 어금니가 아쉬운 듯
엘리베이터 1층 버튼에 아른거린다

꽉 눌러버렸다

10대가 법원에 불을 질렀다

10대가 법원에 기름 뿌리고 불을 놓았다
불행 중 다행인 듯 불은 크게 번지지 않았다

맹목적 확신범에게는 미수가 억울한 일이다
자기 패로부터 목적 달성을 못 했다는
비아냥을 받아야 하는 수치이기도 하다

그는 그럴 것이다
응징은 응징일 뿐이라고
아니 응징이 꼭 필요한 시기라고

세월 지나 출소하고 나면
한두 명 남아 있을 그 소굴을 또 찾아갈 것이다

불이 붙었다면
불이 붙었… …

영웅이 될 순간을 잃었다고
지금도 통곡하고 있을지 모른다

심장이 우는데

다 믿는다 한들
검찰을 어떻게 믿어

믿게 존재한 적
단 한 번도 없는데

오늘의 윤석열은 바로
검찰인데

검찰이란 말만 들어도 이가 갈리는데
저들이 자발적으로 한다는 걸 어떻게 믿냐고

절대로
절대로
믿지 말아야 한다고
날이면 날마다 심장이 우는데

안이나 밖이나

명절 특식
돼지고기 한 50그램 나오려나
쌀밥도 나올 것이고

그거면 됐다
도둑놈 주제에 그거면 됐지 뭐

대통령이란 자가 독방에 누워
명절을 그리 맞는다
반쯤이 비계인 돼지고기 한 덩어리에 혓바닥을 다시면서
경호대에게 생일 축하받던 작년을 그리워하며
태산만 한 배를 쓸어만진다

안이나 밖이나
변함이 없는 저
돌덩어리

특혜라니

같이 징역 살면서
누구는 시계 차고 나는 개털이고
억울함을 감출 길이 없는 것이다

대통령이니 주고
동생이니 주고
사촌이니 주고
소장 꼴리는 대로 주고

그럼 나는

이러니
법은 백성의 피눈물일 수밖에

당장 파면해 버려야 해
평등도 기본도 자유도 아예 모르는 자는
석열이가 아니라 저 소장 놈이거든

도둑놈의 본질

무조건 아니오
죽어서 시체로 누워서도
아니오

네
라고 답하는 이는
도둑놈의 기본이 돼 있지 않은 이다

총을 쏴서라도 끌어내
라고 당신이 지시했지요

아니오

이 새끼 날 때부터
도둑놈이었다

내란성 세월

누가
나이를 묻는다

갑자기
생각이 안 난다

작전이 맞는지

요즘 들어
이해하기 힘든 작전
둘을 꼽는다면

수로비킨 라인
전면 공격을 먼저 감행하고 물러나 방어하는 작전이라니

윤석열 탄핵에서 외환 삭제 합의
내란동조세력과 전면전에서 합의라니

오판이거나
두려움에 쩐 허무맹랑한 장군의 작전이거나
가장 큰 의심이 드는 외세에 의한 사주이거나
이도 저도 아니면 자체의 역량이 부족하거나

경험자의 조언
– 유승수의 빨갱이

마이크 들고
헌법재판관은 좌익 빨갱이들이다고
핏대를 세우며 얼굴로 표정으로 주둥이로
선동하는

변호사라는 게
경찰도 검찰도 국회도 이젠 법원도 부정한다
반 발만 더 나가면 나라마저 부정할 판이다

변호사라는 껍데기에 숨어서 주둥이만 놀리지 말고
네가 말하는 서부지법 난동의 애국 투사들처럼
어디 해 봐 행동 한번 해 봐
주둥이와 행동을 일치시켜 보라고

아야
그리 부정하고 행동해서 차려지는 것은
징역밖에 없단다

징역 살고 출소해서 또 부정하고 행동해 봐
그럼 나처럼 또 징역 가

에휴
행동은 없고
입만 살아 움직이는 물건들

좌우 가릴 것 없이
진보 보수 구분할 것 없이
나는 이런 물건들이 젤 싫더라

역사 선생

– 전한길

뭘까

뭣으로 살까

검증 없는 검증을 스스로 하고

우리나라는 부정선거 난장판이라는

주술적 광기에 빠져버린 힘은

어디서 나왔을까

미래가 없을까

돈이 저렇게 많은데

분노를 넘어 이젠

궁금하다

오늘의 실상

쥐도 못 먹었으니
찾아 먹기는 불가능했다
가난할 때 보던 눈치
부자가 돼서도 그대로다

먹을 것 구별도 못 하고
가난할 때 버릇 그대로
바지 주머니에 넣은 주먹
여전히 빼지 않는다

돈만 많아지고
그것을 지키기 위해
가난할 때보다 더 가난한 눈치와 비굴 가득한
오늘이 묻는다

그러려면 뭐하러 돈 벌었냐고
그러려면 뭐하러 금배지 달았냐고

절대 예상을 빗나가지 않는 현대사

대선국면으로 전환
예상했던 대로 판을 깔고 있다
우리가 우려하며 했던 예상을
우리의 현대사는 절대 빗나가지 않았다

그렇게
가게 돼 있다

처단의 슬로건을 분명히 하고
대선에 임하는 것은 누구의 몫인가

하늘만 비어 있다

어차피 우리가 사는 지금의 세상은
얄팍한 국면 전환을 깨버릴 힘을 우리에게 주지 않는다
저잣거리는 어차피 일반적 보수로의 자리매김을
확실히 하는 시대적 기회를 따라갈 것이다
작금의 현실은 카오스다
주동적 대중이 진보를 따라오지 못하는 카오스
제도권 선거의 생리에 안주하려 드는 심리적 카오스

세월은 물타기를 한다
충격도 젖어 들면 일상이고
허망한 자리바꿈도 일상이면 그저 오늘이다
내년 겨울이 또 허망하게 그럴 것이다
안 되는 것은 안 되는 모양이다
안 되는 것도 되게 하라는 말
그 말 거짓인 모양이다

반말

영어는 존대어가 없다고 해서
흰머리 미국인에게 괜히 말을 걸어 보았다

야 너 거그서 뭣허냐
…

거그서 뭣허냐고
…

너 말 못 허냐
어서 왔냐
…

어서 왔냐고 씨바 프리즈
…

대답을 안 한다

상목아
최상목 거그서 뭣허냐

...

시커멓고 음흉한 자식이
늙은 미국인처럼 당최 대답을 안 한다

100이라는 숫자

상식에 준하는 논리도 없이
자신의 이해 요구에 따라
내란동조행위를 서슴지 않은 이들을
1년에 100번 이상
압수수색 할 결의가 없다면

그들이 그토록 동조했던 그 방식
한 장의 영장으로 100군데를 털어내고
그들이 숨겨놓은 돈다발은 물론
애인 항문까지 털 실천강령이 없다면

그럴 용기도 없다면
무슨 미래가 있을까

불굴의 배지 100개는 영원히 그들의 것인가
우리의 미래도 정녕 100년은 걸릴 것인가

난 너와 같지 않아

계엄을 해 놓고 실패하니까
안 했다고 하는 너와 달라

달라
넌 실패해 놓고 본인이 한 일이 아니라고 발뺌하는
뒷골목 양아치로 살다가 죽어가겠지만

난 달라
스스로 목숨을 끊어
흐뭇하게 웃으면서 자랑스럽게 죽어

너 때문에

아무 일도 하지 않으면
아무 일도 일어나지 않는다는 말을 수정해야겠다

아무 일도 하지 않았는데
대통령이란 작자는 감옥에 있고
비가 오고 눈이 오는 자연의 현상일 뿐
아무 일도 일어나지 않았다
2024년 12월
아무 일도 일어나지 않았다
아무 일도 하지 않았기 때문이다
국회는 난장판이 되고
경제는 엉망의 나락으로 꺼져버리고
사회는 쩍쩍 갈라지고
온 국민이 눈비 맞으며 날을 새고
아직도 숨 한번 제대로 쉬지 못하는 삶을 사는 것도
세상의 이치일 뿐 실지로는 아무 일도 하지 않았기 때문에
아무 일도 일어나지 않은 것이다
 실없는 사람들이 호수 위에 뜬 달그림자를 쫓아가고 있
을 뿐
 아무 일도 하지 않았고 일어나지도 않았다

아무 일도 하지 않았고 아무 일도 일어나지 않았는데
대통령을 감옥에 집어넣은 나라는 우리나라밖에 없고
아무 일도 일어나지 않았는데
국민이 난리를 치르는 나라도 유일무이 대한민국이다

이런 논리가 도대체 무슨 논리인지
가늠할 수가 없다

아무 일을 하지 않아도
나라가 망하는 일이 벌어질 수 있는 오늘
아무 일을 하지 않으면 아무 일도 일어나지 않는다는 말을
당장 수정해야겠다

호수 위 달그림자

호수 위 달그림자 쫓는 것은 바로 너야
시궁창에 뜬 부정선거 쫓다가 시궁창에 빠져버리고
헤어나올 궁리를 해도 모자랄 판에
더 깊이 막 들어가고 있다는 걸 너만 몰라

가르쳐 줘도 몰라
뭘 몰라

손가락이 슬프다

영하 15도의 날씨
광화문 모퉁이에 서서
기타를 잡고 내란을 저항하며
노래하는 벗들이 있다

무슨 생각을 할까
코드를 찾아가는 왼 손가락들이
주인의 입 대신 사력을 다해 말하고 있다

"틀리면 안 돼
힘을 더 줘야 해
떨리면 안 돼
아
맘대로 안 돼
어쩌면 좋아
주인의 소리를 내가 책임져야 하는데
쇠줄이 파고들어 피가 난들 얼면 안 되는데"

먹먹해져 버린 심장
아무 대책 없이 흐르는 눈물의 관객 한 사람 앞에서

애절한 손가락이 슬프디슬프다

한 사람의 관객은 이후
기타 코드를 잡는 손가락만 보면
눈물을 그렁인다

겨울 취객들

– 공자가 뭐시라 했드라
– 앞집 강아지는 줄 것인디

서로 다른 질문과 답이
자연스런 대화로 이어진다
신기하다

– 마누라가 올 시간인디
– 남은 국물에 남은 나물을 넣고 한 번 더 끓여부러

술자리가 끝날 때까지
한 사람은 밥 이야기 한 사람은 똥 이야기
서로 다른 말들이 기묘하게 대화로 이어지는
그것도 너무나 자연스러운 술자리

이 사이에
술 마시지 않는 내가 껴서
그들의 말을 스스로 알아차리고 듣는 도를 닦는다

마지막 파장하는 시간에 드디어

서로의 말이 맞장구를 친다

— 오늘 대접 너무나 감사허네
— 오천 원어치 돼지내장 갖고 뭘 그러나 이 사람아

용현이와 석열이가 재판소에서 만나서 하는 말들이
겨울 취객들이 나누는 말 같아서
재판 심리를 여러 번 받아본 나로서는 어이가 없어서
겨울 취객들처럼 어이가 없어서

무엇이었을까

헌법재판소 나가서
말장난으로 스트레스 풀고
몇억씩 버는 사람들

맨 처음 그들은
무엇 때문에 변호사가 되기로 결심했을까

적성이었을까
편히 돈 벌기 위해서였을까
신념이었을까
딱히 달리 할 것이 없어서였을까
아니면 무엇이었을까

정녕
억울한 사람을 구제하는
정의의 사도가 되려는 것이었을까
그 사명을 위해 지금 저러고 있는 것일까

난
폭압을 격파해 나가는 민중의 삶과 투쟁을

옹호하기 위해 작곡가가 되었는데

저들은 도대체 무슨 생각으로 변호사가 되었을까

지상 최대의 고뇌도 너에겐 의미 없다

배가 고파 하늘이 노랗게 울어 지친 아기에게
담뱃가루를 바른 엄마 젖을 물릴 때

울다 지쳐 쓰러졌다가 깨어난 뒤
그 젖 다시 물렸을 때

지상 최대의 고뇌를 뚫고 나온 석열아
이젠 어쩔 거니

자기 죄를 남의 죄로 씌우는
아주 치졸한 뇌 굴리기 그만하고
내란범 주제에 나라 걱정 좀 그만하고
이젠 좀 제대로 된 생각 좀 해 봐
어쩔 거니

너는 진리다

계엄 첫날 다리가 떨리며 소름 끼쳤던 본질적인 이유는
이미 3차 계획까지 모든 것이 다 짜여졌으며
1차 수거와 소각 대상자는
바로 집행할 것이라는 확실성 때문이었다

완전한 계획과 준비도 없이 선포하는 계엄은
이 세상 어디에도 없다
과거에도 없었고 미래에도 없다

너는 그랬다
이것은 진리다

오늘도 치를 떨며 생각한다
악마의 실행 계획은 반드시 있다
이것이 진리다

너는
진리다

계엄 수첩

노상원의 수첩엔
수거 대상
소각
제거…

나의 수첩도
똑같다

직감한다

– 전한길

계엄이라는 본질을 모르는 악다구니 같다
알면서도 그런다면 필시 간악한 목적이 있는 것이다
거렁뱅이 같은 몰골로 이곳 금남로에서 소리를 지른다
소리는 주둥이에서 바람 센 듯 헐헐거리며
아무거나 주어다가 다시 띄엄띄엄 뱉으며
계몽령이고 헌법재판소 빨갱이다

저런 모자란 인간을 신처럼 받들고 소리치는 것을 보면
우리나라의 미래
어둡지만 않다

스스로 고꾸라질 날을
직감한다

참 그리고
그대가 금남로까지 와서 마이크를 들 수 있는 오늘도
우리가 투쟁한 산물이란 걸 아는가
피와 눈물은 기본이고
수많은 열사의 목숨과 바꿔서 쟁취한
민주의 열매라는 것을 알기나 하는가

휴우
휴우우

제4부

계엄 4권

진실

다시 한번 복기하자

오늘의 정치인들이
처단해야 할 반국가세력 종북 세력이 아니란 걸
윤석열 분자들이 모를 리가 없다

그러면서도 계엄령 1번이 종북 세력 척결인 것은
앞으로의 실행 계획을 적나라하게 보여주는 글귀일 뿐
이다

1단계
적대적인 정치인들을 제일 먼저 잡아들인다
그리고 이들이 종북 반국가세력이라는 공포를
국민에게 두괄식으로 각인시킨다

2단계
국가보안법 위반 전력이 있거나
투쟁하는 단위의 분자들을 대대적으로 잡아들인다
조그만 흠결이라도 있을라치면 잡아들인다
무작위적으로가 아니라 콕콕 찍어서 체포한다
조작이든 유언비어든 뭐든 공안정국을 조성하여
국민의 불안감을 한층 고조시킨다

그러면 적대적 정치인들이 숙청대상이 되는 것은
매우 자연스럽다

3단계
법적 제도적 장치를 마음대로 바꾸어 간다
과거에 그랬던 것처럼 악랄하게
양심들이 숨도 못 쉬게 개악을 한다

그 다음에야 계엄을 해제한다
실행 계획이 없는 계엄은 있을 수가 없다
성공하기 전에 해제되는 계엄도 불가능하다
그것이 계엄의 본질적인 속성이다

이 모든 것을 첫 단계에서 격파한 힘은
오직 역사의 경험에서 나온다
잊지 않았고 잊을 수도 없다는
처절한 대한민국의 역사를 온전히 가슴에 품은 시민들의
각성에서 나온다는 것이다

지금도 나는

국정원장의 아가리를 찢어버리고 싶은 심정으로
치밀하게 주시한다

이 계획의 핵심실행을 내올 수 있는 자료와 근거를
온전하게 가지고 있는 곳은
노동 농민 청년 학생 언론 지식인 학자 등등
계급계층대로 분류하여 삽시간에 때려잡을 수 있는 정
보가
가장 방대하고 압축적인 곳은
바로 국정원이다

대화의 기술이 없다

깊은 밤
치킨 배달시켜 받아놓고
일 년 만에 만난 아들과 대화를 나누며
닭다리 하나씩 들고 맛있게 먹는다

아들이 먼저
닭은 역시 닭다리가 최고야

그리고 내가
길게는 30년까지 산다는 닭을
단 30일 키우고 기름에 담근 것이
어려서 그런지 참 연하고 보드랍구나

5년이라는 윤석열이 수명도
하루빨리 당겨버려야 살 맛이 보드라울 텐데

아들이 먹는 속도를 줄이며 입을 조무린다
죄인처럼

난 늘 말하고 나서

부족한 내 대화의 기술을 생각한다

저들의 돈

광화문에서 하나님 찾으며 집회하는 종자들을 보면
여의도에서 하나님의 뜻과는 정반대의 짓을 하는 것을
보면
그들은 안다
하나님은 어디에도 없다는 것을

저들을 보면
무슨 생각인지 거품을 물고 악을 쓰는 저들을 보면
모든 종교를 태워버리고 싶다
활활 태워 잿더미를 만들어버리고 싶다

부처를 찾는 엄마도
마리아를 찾는 누나도 여동생도
주말이면 교회 가는 남동생도
다 싫다

믿음 대신 돈을 찾는 악마의 하나님이여
아
악마의 돈줄이여

평화적 계엄이라니

고등학교 2학년
1980년 5월 계엄 상황의 광주 학살

잊을 수가 없다
그날의 처절한 시민의 주검들을

그날 이후
살아남은 자의 부끄러움으로
평생을 독재에 저항하며 몸부림쳤다

45년이 지나 다시
계엄이라는 두 글자의 악마가 세상을 덮치는 순간
상상조차 하기 싫은 감당 못 할 그날의 기억이
1초의 주저도 없이 온몸으로 젖어 들었다

행여나 실수일지언정
공포탄 단 한 방이라도 허공에 쏜다면
오 제발

그리고

계엄에 실패하고 난 저들이 지금
평화적 계엄이라며 게거품을 물고 있다

계엄의 시작도 폭압 그 끝도 말살뿐인 계엄의 본질
그 본질 속에 무수한 시민의 목숨이
거리에서 찢긴 채 나뒹군다는 것을 왜 모르는가
살아남은 자들은 죽는 그날까지 죄책감에 떨며
미쳐버린 채 살아야 한다는 것을
왜 왜 왜 모르는가

세상에서
미개의 나라부터 제일의 선진국까지
평화적 계엄이라는 게 도대체 어디에 있단 말인가

틀렸다

술 없이 단 하루도 못 산 적이 있었다
지금은 욕 없인 단 하루도 못 살겠다

잠 깨면 핸드폰 열고 욕부터 뱉어야 해가 뜬다
잠들기 전 하루를 정리하면서
욕으로 마감해야 잠이 온다

알코올 중독에서 헤어나기까지 40년이 걸렸다
욕 중독에서 헤어나기는 내 생애엔 틀렸다

정치는
늘 반복이다
척결이 없는 한

영 퍼센트

2025년 하얼빈 동계 아시안 대회
500미터 여자 결승경기 스케이팅 출발선에 선
최민정 김길리 이소연
당당한 세 명의 여제를 보노라니

어쩜 저리 예쁘니
왜 한국 여자선수는 모두가 한결같이 예쁜 거니
얼마나 자랑스러운지 몰라

그리고
또 하나의 생각

다른 나라가 금메달을 딸 확률
영 퍼센트

석열아
너의 발악의 최후가 궁금하면
이 경기를 보라
자세히 보라
그것도 경기 시작 전

늠름한 우리의 영웅
저 세 전사의 당당한 모습을 보라

확률 자체가 없는 대회지만
지구촌의 그 많은 나라에서 모든 것을 걸고 나서는 것은
언젠가는 목에 걸 희망을 버리지 않기 때문일 거야
자신의 발자국을 따르는 후배들을 위한 희망일 거야

영 퍼센트
윤석열

확률 자체가 없는 판결을 앞두고
입만 열면 거짓말을 버리지 않는 것은 이유가 뭘까
갈 때 가더라도 지금은 가지 말라고 누가 잡기라도 하는
것일까
아니면 정녕 희망을 버리지 않는 것인가

아무리 눈을 씻고 봐도
영 퍼센트

밥솥 수리하러 가는 길

작년 12월 즈음에 고장 난 밥솥
오늘 2월 18일에야 수리하러 간다

입맛이 떨어져 버린
외려 입술만 타던 12월 이후
집에서 밥을 먹어 본 적이 없다

손님이 오면 식당에서 먹거나
붕어빵 몇 쪼가리 살기 위해 입으로 집어넣고
라면이나 짜디짠 잔반이거나
밭에 나가 무를 뽑아 깎아 먹거나
냉장고 안에서 물러터진 감이나 사과나
시들어가는 것들 아무거나 살기 위해 먹었다

더는 안 되겠다고 수리하러 나서는 길
오늘부터 본격적으로 일하지 않으면
올해 해야 할 일은 먼지처럼 날아가 버린다는
조바심으로 나서는 길

석열이가 헌법재판소까지 와서 그냥 돌아갔다는 뉴스가

나오고 있는 밥솥 수리하러 가는 길

하루가 일 년처럼
내란 소식에 피를 말리는 겨울의 날들 속에서
나는 수명을 단축하는 오지게도 미련한 방법으로
하루를 견뎌내고 있다
너 때문에

옆 사람이 아니더냐

어떻게 진보가 대책 없는 정리해고를 할 수 있으며
어떻게 진보가 농민 문제를 등한시할 수 있으며
어떻게 진보가 국가보안법을 존치 시킬 수 있으며
어떻게 진보가 세월호 진실규명을 덮고 갈 수 있단 말인가

이 모두를 다 너희가 했다
DJ가 했고 노무현이 했고
자기가 쓰고 자기가 말하고도
초보적인 약속마저 모른 척하던
문재인이는 말해 무엇하리

그럴 수도 있지
왜 상상을 못 해
충분하게 그럴 수도 있다고 봐

이런 소리 하는 이들이
우리 사이 인간군에서의 대부분이다
확인하려거든 어디 한번 옆을 돌아보라
가까운 옆 사람이거나
함께 일하는 바로 옆 사람이 아니더냐

244

적당히 간사해야 배지 차고 대통령 되는
그렇고 그런 진보를 파는 이상한 집단들의 천국이
대한민국 아니고 무엇이더냐

앞으로 바뀔 정권도
보수라는 모자나 쓰고 허우적거리다가
적폐 청산의 대의를 국민통합이라는 포장지로 감싼 채
권력을 유지하려는 집단이 아니고 무엇이란 말이더냐

너만 부럽다

여자 후배와 남편
둘은 동갑이다
중학교 때 만난 사이다
45년째 얼굴 보는 사이다

형제자매들은 대체적으로
스무 살이 되면 뿔뿔이 흩어지는데
부부는 동거가 길다

나는
이들이 부럽지 않다
여자를 위해
계엄까지 불사한 남자를 둔
김건희만 부럽다

가장 부러워해야 할 사람마저
부럽지 않게 만들어버리는 어둠 속 김건희
화를 머리끝까지 치밀게 하는
너만 부럽다

거짓과 왜곡

거짓보다 무서운 것은
왜곡

거짓은 선명하지만
왜곡은 꼬인 채로 선명하지 않아 구분하기 어려워라

거짓은 쉽게 드러나지만
왜곡은 느리게 속살을 보여주고
때론 영원히 진실을 가려버리기도 해서

거짓은 진실의 총을 들고 싸워야 하지만
왜곡은 진리의 빛을 들고 밝혀내는 것이어라

정녕 무서운 것은
사람들은 저마다 자신의 오류를 감추기 위해
현실을 왜곡한다는 점이어라

소스라치는 바람에

평생 단주의 삶이
벌써 네 번째 해를 드팀없이 맞았는데
느닷없이 비틀거린다

생각만 해도 끔찍한 술이
날이면 날마다 찾아온다

초조하다
불안하다

새롭게 침공한
술과의 전쟁을 하고 있다

죽은 술도 살려내는
비상계엄의 소스라치는 바람에
단주가 매일같이 몸부림친다

계몽된 변호사

임신하고 그 아이를 낳고 쉬지도 못하고
윤석열 측 변호인이 되어 계몽되었다는 여자

애시당초
반북 이데올로그와 수구 입장으로
무장된 몸이었던 것 같은데
또 뭘 계몽 받고 계몽이 되었을까

뼛속까지 박힌 생각
북한의 지령에 따라 행동하는 국회를
척결하는 것만이 바른 생각이라는
소신으로 평생을 살아온 것 같은데
그 이상 또 어떤 바른 생각을 가지도록 깨우쳐 주었을까

윤석열의 내란 행위가
예수님이 행한 이웃을 사랑하고
원수를 사랑하고 오른손이 하는 일을 왼손이 모르게 하는
성스러운 행위라고 생각하지 않고서는
계몽 받을 일이 없을 것 같은데
그렇다면 윤석열을 십자가에 걸린 예수로 생각하는 것

일까
　그래서 고해성사 같은 계몽도
　면전에서 직접 뱉어내는 것은 아닐까

　그렇다손 치더라도
　계몽 경력이 적어도 10년은 돼야 전문가다울 텐데
　이제야 와서 계몽된 초보자 주제에
　누굴 가르치고 또 누굴 계몽시키려 하는 것인지
　차라리 계몽보다는 섹시한 선동이 훨씬 유리할 것이란
　생각이 앞서는 것은 나만의 생각일까

　나도
　이런 과정을 듣고 보면서
　계몽까지는 아니더라도 확고히 굳어지는 것이 하나 있다
　계몽된 저 젊은 여자처럼
　수많은 간첩 조작사건에 분노하지 않고
　10년 아니 30년이 지나서야 무죄판결을 받는
　그런 조작사건을 보며 오래된 정의는 정의가 아니라며
　목놓아 우는 일 없이
　검사나 판사의 조사와 판결을 전적으로 믿고 따를 수 있는

그런 날을 위해 마지막까지 최선을 다해 보자는 결의
그 하나는 있다

진정한 자유 민주주의 수호를 위해서라도
반동 골수화가 돼버린 저 대가리를
쪼개버리고 싶은 본능 하나는 꼭 기억해 두고 싶다

깊은 산속 아무도 없는 곳에서
살아생전 한 번은 꼭 만나고 싶다

3·1절이 운다

나 여기 있을 곳이 아니라고
돌아가고 싶다고
백두산 눈 천지 청산골 깊은 골로 돌아가
차라리 백골로 나뒹굴고 싶다고
3·1절이 운다

운다
시궁창 속 내란의 대한민국이 운다

그랬으면 좋겠다

나이 40이 다 되어가는 아리따운 아가씨가
내가 조금은 흠모하기도 하는 여자가
우리의 전시 군사작전권이 미군에게 있다는 것을 모른다

작전권이 우리에게 없다고 하는 사람을
바퀴벌레 쳐다보듯이 그렇게 나무란 후
뭔지 분위기가 이상한 듯 화장실을 간다
아마 핸드폰으로 검색하러 갈 것이다

아
내가 왜 이걸 몰랐지
인생 헛산 기분이 드네

그냥
그랬으면 좋겠다

출구 없는 미로

- 이철규

이 내란의 엄중한 와중에도
자식은 눈이 빨개져서 마약을 찾는다

'마약을 찾는 길은 출구 없는 미로'라는 피켓을 들고
선거판 거리에서 난리를 치더니
그대의 자식 보라는 것이었더냐

윤석열 체포하면 큰 책임을 질 수 있다고
국수 본부장 협박이나 하지 말고
마약 하다가 걸리면 죽어야 한다고 가르치는
자상한 아비가 되는 것이 먼저 아니더냐

부끄러운 삶인지도 모르고
철면피가 되어가는 이유가
정작 어디에 있는지조차 모른 채
입에 발린 송구함만 주절대는 그대
그대 그러는 이유가 자식에게 있듯이
몰염치의 근본은 늘 곁에 있고
가증스러운 승리로 가슴에 찬
그놈의 배지에 있는 것이란다

팁
– 박수영

헌법재판소가 판결하여 임명한 대법관
마은혁 임명 반대 단식을 한단다

그래서
단식 전문가로서 팁을 준다면

3일이 지나면
두려움이 몰려온다
이대로 죽는 것은 아닌지
장기 단식을 하고 살아남은 이를 검색하기 시작하고
나도 살 수 있다는 결의를 스스로 높인다
일주일이 지나면 이상하리만치 마음이 맑아지면서
일단 가보자는 자포자기 심정으로 드러눕는다
2주가 지나면 생각 자체가 없어진다
3주가 지나면 맥박이 가늘어지고
또 정처 없이 세월은 흐르고
그러다가 디진다

생각하지 마라
임명 반대가 아니라 오로지

배지 사수만을 새기라

생수 외엔 아무것도 먹지 마라

그러면 디진다

평화를 원한다면

계엄 목적 1번
종북 세력 척결의 마당에서
동조세력이 거든다

김일성을 개새끼라고 하지 않으면
종북 세력이고 빨갱이라고

밥상 앞에서
자기 자식들이나 마누라 앉혀놓고 또는
뒷골목 선술집에서 친구들과 논쟁이나 할 때
그때나 할 법한 대책 없는 말을
주류방송에 나와서 텔레비전 속에서 그런다
저녁 시간에 맞추어 그러고 있다

하아
학사 석사 박사 학위 다 가지고 있는 자들이
저렇게 입을 놀린다
그래놓고 박정희 일제 매국노라고 외치라면
학을 떼며 거부한다

마구 떠든다
5천3백만 대한민국 국민은 외치라고
신호를 주면 모두가 한날한시 한 초에
김일성 개새끼를 목청껏 외치라고
우리는 김일성 개새끼를 외치는 자랑찬 민족이라고

미쳐서 날뛴다
세계 최고 수준의 품격을 자랑하는 대한민국답게
외치고 또 외치라고
통일을 원한다면 김일성 개새끼를
평화를 원한다면 김일성 개새끼를

전쟁을 막는 오직 하나의 주술
평화를 이루는 천상천하 유일무이 천년의 주문
김일성 개새끼를 외치라고

서로 싸운다

— 전광훈 전한길

하나는 정신 나갔다고
또 하나는 막 씹어버린다고
서로 싸운다

맞다
한 놈은 정신 나간 놈이고
또 한 놈은 막 씹어버려도 좋을 놈 맞다

똥 찌꺼기 같은 것들이
어쩌다 바른말을 한다

비열

똥을 먹는 똥개도
개고기를 주면 안 먹겠다고
으르렁거린다던데

동료의 살을 뜯어 먹고 사는
저들 좀 봐
저만 살겠다고

다시 시작

눈만 뜨면 핸드폰
아 씨
이 짓 다시 시작이라니

석열이가 풀려난 뒤
우리의 공포는 다시 시작되었다

솔직히 말해
숨도 못 쉬겠다

도루메떡의 위로 1

– 3월 7일의 도둑놈들

바다로 일 나간 자식과 며느리를 일찍이 바다에 내어주고
손주를 홀로 키우며 섧디섧게 하루하루 살아가는
할베 어부가 3일 만에 겨우겨우 한 마리의 고기를 잡았다
지칠 대로 지쳐 잠시 고기를 옆에 끼고 갯가에 누웠다가
잠깐 잠이 든 사이에
일군의 도둑들이 나타나 잽싸게 고기를 낚아채고 달아
나기 시작했다
깜짝 놀란 노인은 일어나 도둑들을 잡으려고 뛰었으나
역부족이었다
허망한 울분으로 고개를 떨군 채 망연자실해 있는데
동네 할메가 다가와서 자초지종을 듣더니
할베의 손을 꼬옥 잡고 따뜻한 위로의 말을 하기 시작한다

오메
문둥이 콧구녕에서 마늘씨를 빼묵을 개 같은 새끼들이
구만요 에미 에비도 없는 말종새끼들이구만요 그런 씨버
럴 새끼들은 모다 모타서 땅속에 집어 너불고 묻어부러야
쓴디

오메 오메

환장헐 노릇이구만요 그런 상열에 역적놈들이 있응께 우리나라가 요모냥 요꼴 아닌 갑소 감솥 단지에 처집어 너가꼬 솔낭구 동강 짤라서 불을 폴폴 때부러야 쓰지 않것소 고놈들 잽히믄 내가 불쏘시개로 똥구녕을 사정없이 쑤셔불고 달구새끼 꼬챙이를 맹글어서 솥에다가 팍 집어 넣부러야 쓰것오 이 상열의 새끼들을 모조리 다 삶아부러야 헌당께라우

오메 오메 오메
이 오살허고 육시럴놈들을 몽뎅이로 쳐죽여부러야 분이 풀릴 것이구만이라우 살껍딱을 싹 다 베께가꼬 쩌기 쩌 미루나무 끄터리에다가 널어부러도 분이 안 풀릴 것 가튼께로 주뎅이에서 똥구녕까지 죽창으로 팍팍 쑤셔박고 양쪽에서 뽈깡 들어다가 아예 불에다가 구와부러야 헌당께라우

오메 오메 오메 오메
아무리 욕을 해도 분이 안 풀려부요 그런 개종자놈의 새끼들이 세상천지에 어딨다요 손주 멕일 고기를 돌라가분 저 멧되야지 같은 마캥이 새끼들은 미나리깡 시궁창에 처집어 너불고 대그빡도 못 들게 해부러야 써라우 대그빡을

263

들믄 몽둥이로 작신나게 때려 조저부러야 된당께라우 옛
날에는 그랬다 헙디다 머시냐 거시기 말 네 마리에다가 사
지를 하나썩 달아가꼬 이랴이랴 해불믄 다 찢어져부렀다
고 헙디다 내가 어디 가서 큰 말이라도 구해오믄 쓰것는디
오메오메오메오메 네 마리는 고사허고 한 마리도 구할 수
가 없응께 더 부에가 나부요

　진심 어린 위로의 말을 듣고 있던 할베
　인자 되얐응께로 그만허씨요

오메
되얐능가요
그라믄 내일 또 와서 위로해 줄텡께
너무 상심허지 마씨요 잉

막상 갈라고 헌께 내가 더 분해서 발이 안 떨어져부요
오메에 어째야 쓰까 잉
칙깐 똥통에 빠져가꼬 똥독 올라서 디져부러야 헐놈들을
오메오메 어째야 스까 잉
사람 좋은 냅둬불고 개좆도 모른 것들이 탱자탱자 험서

저 지랄을 허는 꼴을 얼매나 더 봐야 허까 잉

어째야 쓰까 잉 어째야 쓰까 잉

도루메떡의 위로 2

– 3월 7일의 도둑놈들

할베요
해도 채 뜨지 않은 새벽에 옆집 할메가
다시 할베 집으로 가서 부른다

오메
할베 억울혀서 얼매나 상심이 크까 싶어서 무담시 내가
잠을 한숨도 못 자부렀소 할베도 얼굴이 말이 아닌 것을
본께로 한숨도 못 자신 것 같소야 어쩌야 쓰까잉

오메 오메
암만 생각을 혀도 억울해서 미쳐불것소야 아무짝에도
쓸모가 없는 지렁이만도 못헌 도둑놈들이 훤헌 대낮에 대
가리 쳐들고 도루메를 돌아댕긴다는 생각을 헌께로 그냥
막 온몸땡아리에 소름이 돋아분당께라우 저 씨부랄놈들이
모타가꼬 이짝저짝 쑤시고 댕기서 또 도둑질 해감서 가난
헌 백성들 뼛골을 빼묵고 댕긴다는 것을 생각헌께 잠이 올
리가 없제라우 저런 개우라질 망둥이새끼들을 어쩌야쓰까
잉 오메오메 오메 이런 엠벵할… …

할메가 말을 쉴 새 없이 이어가는 동안

할베가 할메의 말을 끊는다

아따 인자 그만 좀 허씨요
위로가 충분이 되았응께로
그놈의 오메오메 좀 그만 허시랑께요

그라요
나는 할베 걱정이 되야서 그러제라우
그라믄 또 오께라잉
아이고메야 어째야쓰까잉

도루메떡의 위로 3
 − 3월 7일의 도둑놈들

다음 날

할베가 심란한 마음을 달래려고 담뱃대를 들고 방문을
여는데

언제 왔는지 할메가 이미 와서 마당에 서 있다

오메 또 오겠소

아따 인자 되얐당께로 머더러 또 왔소

오메

걱정이 되야서 손에 일이 안 자펴부요 날을 새고 생각을
혀도 그 도둑놈들은 어디로 내뺐는지 감이 잽히지 않은디
하나만은 확실허게 잽힌 것이 있어부요 뭐시냐믄 누가 범
인일까 허는 것인디 들어 보씨요잉 할베는 누가 도둑놈이
라고 생각허요 윤석열은 아니여라우 이놈은 엠병허고 지랄
허다 쓰러져 불믄 그만이제라우 그 정도 결심도 안 허고 계
엄을 했겠소 안 그요 그라고 석열이 따라서 가담헌 놈들도
아니당께요 이 잡것들도 실패한 뒤 쓰러져불믄 그만이당께
라우 그때 총을 쏴서 다 죽여부러야 쓰껏인디 못 했다고 한
탄만 허다가 그냥 자빠지믄 끝이당께요 그라고 국짐당 요
것들은 애시당초 껀덕지도 못 되부러라우 고것들도 사활을

268

걸고 삽질허다가 쓰러지믄 문 닫고 허벌나게 내빼불믄 그만이당께라우 그라믄 누가 지일로 악랄헌 도둑놈들이겄소 내가 이틀을 밤새워서 생각헌 끝에 내린 결론인디 바로 법 갖고 노는 엠병헐 새끼들이라는 것이당께라우 요것들이 문제여라우 저 벌거지 잡것들은 여그서 밀려 불믄 갈 곳이 없다는 것을 오살나게 잘 알고 있는 것 아니것소 여지껏 맘대로 해쳐 묵은 법지랄을 다 뺏겨불고 나자빠질 곳도 없다는 것을 오사게 잘 알고 있당께라우 그니께 얼매나 끄터리까지 발악을 허겄소 요것들을 조저부러야 된당께라우 오메 답답혀서 나도 요로코롬 숨이 탁탁 막혀분디 우리 할베는 얼매나 속이 타불란지 상상도 못허것소 오메오메오메… …

에말이요 도루메떡

인자 되얐응께로 집에 오지 마씨요잉

나도 괴기 잡으로 나가야 쓴께로 집이도 얼른 호미들고 밭에나 나가 보씨오

먹을 것도 없는디 굶어 죽으믄 쓰겄소

그래도 할베가 걱정이 되야서 글제라우

오메오메오메 어째야쓰까잉

죽음의 원점

머물다가
갔다가 왔다
왔다가 갔다

너의 운명이다
가고 또 가도 직선이 아닌 원이다
원점이다

너의 내란은
가 봐야 죽음의 원점이다
죽음뿐이다

법 버러지들

한 세기를 기어다녔으면
그만 밟아버려야 할 때가 됐다

갈 때도 없이
쓰러질 곳도 없이
완전 소멸의 기회가 왔다

식민지 적폐는
복수가 희망이다

숨소리도 거짓말

우리는 보고 있다
죽은 시체가 걸어 다니는 것을
죽은 목숨이 산송장으로 돌아다니는 것을
말과 행동뿐 아니라
숨소리도 거짓인 것을
2025년 3월 7일
서울구치소 대문 앞에서 보고 있다

숨소리도
거짓인 것을

아직 풀지 않았다

아버지 제사를 마친 밤이다

가족들을 만나자마자
박 서방이 먼저
형님 숨이 잘 안 쉬어집니다

바로 밑 남동생이
대한민국에서 살기가 어째 이리 힘듭니까 형님
우리가 뭘 잘못을 했다고

여동생이
오빠 괜찮지

몸이 아파서 오지 못한 누나는 전화에 대고
종화가 종화가 종화가⋯ ⋯

나는 쓴웃음을 지으면서
얼마나 많은 시련을 넘었는데
이런 것으로 힘들다면 한국에서 어찌 살겠는가
여기 말고 갈 곳이 없다면 견디자

마지막까지 가 보고 나서 힘들다고 말하자
마음이 지칠 때면 스스로 뺨을 때려서라도
악착같이 조금만 더 힘내자

남동생이
법원에서까지 지랄하면 그땐 어쩐다요

박 서방도
눈이 휘둥그레진다

귀가 잘 안 들리는 엄니를 옆에 두고 나는
그래
세상의 만사는 일이 터지고 나서 대응하면 늦겠지
그땐 그냥 자연스럽게 내전이야
그리 알고 대비하는 것이 상책이다

어쨌든
무조건 힘내자
1천만 백성들이 지금 우리와 똑같이 숨쉬기 힘들고
대한민국 국민 노릇 하기 힘들다

우리만 그런 것 아니니
조금만 더 힘내자

그래도 형님이랑 이런 대화라도 하니까 그나마 위안이
된다며
남동생과 박 서방이 건배를 하며 술잔을 부딪힌다

살다 보니 내가 다독이는 날도 있구나
평생을 걱정만 주던 형이 다독이는 날도 있구나
박 서방을 따독띠독 해주는 날도 있구나

아직도 난
12월 3일에 싼 짐을 풀지 않았다

풀려나

풀려나
세 글자만 보면
차라리 내가 갇혀버리고 싶다
아무리 좋은 의미라도
그 말이 제자리에 없으니 스스로 묶여버리고 싶다

석방
이 두 글자만 보면
차라리 내가 구속되고 싶다
아무리 자유를 염원하는 의미라도
제자리에 없는 단어를 쳐다보고 있노라니
차라리 내가 무기징역이고 싶다

화가 나서
풀려나 석방 이런 단어에 불화가 치밀어서

풀려난다는 말
석방이라는 말
지구상에서 아예 모조리 없애버리고 싶다

답답한 새벽

지금 정국에서
정치하는 사람들은 매시간 단위로
게거품을 물고 떠들어야 한다고 생각해
특히 가진 게 별로 없다는 생각이 스스로 들면
두 배로 떠들어야 한다고 생각해
때와 장소 가리지 말고 엄청나게 떠들어야 한다고 생각해
지위 고하 막론하고
SNS 유튜브 신문 방송
아스팔트에서 논밭에서 사방에서 떠들어야 한다고 생각해
소리치다 숨이 막혀 죽을 때까지 떠들어야 한다고 생각해
능력이 안 되면 소리라도 질러야 한다고 생각해

이쪽저쪽 싸잡아 욕하면 뭐해
이놈들 저놈들 우리 편 씹어 봐야 뭐해
이미 시간은 지났는데

계속해서 소리 질러 봐
그 소리 듣고 숨 막히는 백성들 대리만족이라도 하게
악을 써 보라고 핏물을 토하도록 발악이라도 해 봐
하다못해 욕이라도 해 봐 위로라도 받게

그러면서 존재감도 한번 드러내 보라고
날이면 날마다 드러내 보라고

보수라는 정규재만도 못하게
지난 일만 탓하는 어리석음 대신
나가서 소리쳐 봐 마이크 잡고 외쳐 봐
펜을 들고 갈겨 보라고

인간말종들
다 작살내버린다고 악담이라도 퍼부어 보라고
실실 얼굴 쪼개는 짓 좀 그만하고 말야

다시

다시
날마다 술이 괴롭힌다
평생 단주 4년 차
피 말리는 계엄에 막혀서
매 순간 분초를 다투며 괴롭힌다
꿈속으로까지 찾아온다

어떻게 끊은 술인데
농약병 열어놓고 생중계해 가면서
생의 마지막 끄트머리에서 목숨과 바꿔서 쟁취한 하루
인데

이런
이런

하지만 참는 것이다
패버려야만 말을 듣는 개나 돼지와 같이
맞지 않으면 말을 듣지 않는 저 종자 하나 때문에
무너진다면 살아야 할 이유를 잃는 것이다

부서져 버리고 싶은 이 마음으로
죽을 만큼 참으면 된다

정수 형님

성아야
솔직히 말해 나도 죽것따
아무리 부딪쳐도 면역이 안 생기니 어쩌면 좋아

입맛 다시 뚝 떨어져불고
하던 일 다시 일단 접어불고
작년 겨울에 출간돼야 할 책이 아직도 이 모양이고

그래도 별 수 있겄어
웃음서 늘 웃음서
체력 보충하고 마지막까지 가 보는 것 외엔

그렇게 못 허것으믄 죽는 수밖에 없제 뭐
못 살면 죽어야제 뭐
별것 있간디

긍께
힘내불자고
사랑의 힘 그 힘 내불자고

상상도 못 했다

― 지귀연

솔직히 말해 상상도 못 했다
불안 불안하긴 했지만 그래도 풀어주리란 것을

풀어주기 위해 환장을 하지 않았다면
어찌 그런 셈법을 내왔겠는가
법원 탄생 이래 어느 판사도 상상조차 못 했다
구속 기간을 날 개념이 아닌 시간 개념으로 둔갑시킨 그
마법을

그래
모든 것은 선명할수록 좋다
날이 갈수록 반동세력이 선명해져 간다
너처럼 말이다
외려 잘된 일인지도 모른다

이 또한 지나가고 나면
너희의 운명도 꺼져가리니
아무런 제약도 없이 누려온 권력도 마지막이리니
흔적도 없이 사라질 것이니
세상은 그렇게 만만치 않다고 소리치는 너희의 말처럼

만만치 않은 세상의 정의가 기지개를 켤 것이니

기어이 휘두르고 말리라
복수의 철퇴를

기다리라

– 심우정

온 국민으로 하여금
동토의 겨울을 견디게 한 현실
눈만 뜨면 핸드폰 켜고 두근거리는 심장을 쓸어내리게 한
겨울 한복판
눈이 펑펑 내리는 영하 15도의 추위를 견디며
아스팔트 맨바닥에 앉아 돌부처가 되어
얼어버리게 한 그날들
잠이 오지 않아 수면제를 먹고
밥맛을 잃어 겨우내 밥을 먹지 못하고
일손이 잡히지 않아 아무것도 제대로 해내는 일 없이
망연자실로 버텨야 한다고 강요해온 비참한 장정

모두 합한 눈물이 몇 그릇이든
그 시간을 모으면 얼마이든
돈으로 환산하면 그 얼마이든
앞으로 흘릴 국민의 피눈물이 얼마이든
그러든 말든 어떤 것도 의미 없다 너에겐

오직
단 하나의 의미

다 죽여서라도 너의 살길만이 의미라는 그 생각이
내란 아니고 무엇이더냐

기다리라
복수의 칼을
피의 불벼락을

이리 어렵다는 것을

너랑
딱 국짐당 해산까지만
뭉쳐 함께 가길 소원했지만
차암 가기 어렵다

너무나 해법이
다르다

주저하지 말아야 하는
이 간단한 진리를 가운데 두고서

괴로워 미칠 만큼
해법이 다르다

맞다 시민의 몫이다

민주당 욕해 봐야 뭐하나 지금에 와서
국짐당 욕해 봐야 뭐하나 지금에 와서
존재감도 없는 또 다른 깃발들
씹어 봐야 뭐하나 지금에 와서

죄악은
저잣거리 정당들이 아니고
그들의 본성을 헤아리지 못한 우리
너를 잊어버린 바로 나겠지

오로지 항쟁
그것만이 시민의 몫인 것을

굳이 운명이라고 말해야 한다면
그것이겠지

더 슬픈 이유

전쟁에서 백만 명이 죽는 것보다
계엄으로 동지 한 명을 잃는 것이
더 슬프다

이유는
국민을 지켜야 할 군인이
국민을 향해 총을 쏘기 때문이다

전 말이에요

5·18민중항쟁 당시보다
그 이후가 더 괴롭고 힘들었어요
사는 게 사는 것 같지 않았어요 왜냐구요
5·18 당시는 내가 고등학교 2학년이었어요
그땐 사회에 대해 잘 몰랐고
군인의 총에 시민이 죽어 나가는 것에 대한
치를 떠는 분노로 몸서리를 쳤을 뿐
나머지 속사정은 모른 채 살았어요
선생이 가르쳐 준 대로 박정희 만세밖에 몰랐거든요

그 후
전남대학교 입학 하고 나서야
진짜 5·18을 알게 되었어요
언제 어디서 무엇을 어떻게 왜
모든 이유를 알게 되었어요
그 이후 난 살아 있는 자신이 부끄러웠어요
날이면 날마다 술이나 마시면서 괴로워했고
이 사회를 엎어버려야 한다며 고래고래 악을 쓰며
거의 반 미쳐서 청춘을 까먹긴 했지만
열심히 투쟁하고 때론 목숨을 걸고

때론 타인의 목숨도 희롱하며
물불 가리지 않고 인생 고개를 넘어왔어요
정말 천 고비 같은 고난의 길을 걸었어요

그런데 말이에요
그런데 말이에요
어찌 된 영문인지 지금이 더 힘들어요
숨 쉬는 것조차 거짓말인 저 작자가
웃음 쪼개고 있는 오늘이 더 힘들단 말이에요
어느 시기도 이렇게 힘들진 않았단 말이에요

물의 내란

사람은 물 따라 흐르지 않았다
늘 막고 트고 돌리고 옮겼다

물의 내란이 요구하는 것은
흐름을 반대로 바꿔 버리는 것
비스듬히도 아닌 옆으로도 아닌
온전히 거꾸로 역류시켜버리는 것

보라고
이 반란의 물줄기를 보라고
그렇게 목 놓아 우는 것이다

사람은 결코
물 따라 흐르지 않았다

판검사의 산수

1세기 가까이 적용되던 구속 기간의 날을
시간으로 바꾼 악령 속에는
덮어야 만이 되는 자신의 비리가 반드시 있다
윤석열과 너와 사이에는 가방이 있다
비리의 낚싯바늘에 끼인 채
가방에서 나가길 기다리는 자료 가득한
그 본질이 있다

배워서 무엇하고
가르쳐서 무엇하리

저런 산수나 하면서
개같이 살다가 죽을 것을

분단이 낳은 DNA

성조기 들고
미국놈 행세하는 양아치들

마지막까지 치워버려야 할
썩은 쓰레기들

단군 조선의 피가 아까운
이방의 도적들

이 땅에 있으면서도
아메리카의 땅과 하늘만을 동경하는
수선 불가능한 머저리들

인간의 피가 아까운
괴물의 유전자들

긴장은 삶이다

안 되는 줄 알면서도
무심결로 긴장을 놓고 난 후
좌절을 되뇌는 날 많다

안정을 취한다는 것은
긴장을 버리는 것이 아닌
긴장을 정리하는 것

주먹을 꽉 쥐고 태어나는 것처럼
기어이 유언 한 점 떨구고 죽는 것처럼
요람에서 무덤까지 긴장은 삶의 동반자

오늘도
긴장을 풀지 말자

동상이몽

사회대개혁의 과제를
내각제와 함께라는 부류
내각제는 아예 씨부리지도 마라는 부류

이몽이 아니라
반대몽이다

아무도 책임지지 않는다

탄핵이
숨 막히게 늘어지자

아스팔트 위에 자리 깔고
나란히 누워 자는 사람들
집에 있으면 잠이 오지 않는 사람들
초조하고 불안하여 심장이 터져버릴 것 같은 사람들
차라리 찬 겨울 광화문 광장에서 자는 것이 편한 사람들

젊은이 노인 구분 없이 전국에서 모여
어쩌다가 노숙자가 된 대한민국 사람들

이 책임
아무도 지지 않는다

아무리 나이를 먹어 봐라

세상에 대하여 1%도 알지 못하고 가리니
그대 가진 능력도 1%를 채 발휘하지 못하고 돌아가리니

이
아까운 시간

어서 가자
대개혁의 벌판으로

누가

복수할 틈도 없다
범죄자만 때려잡아도 시간 다 간다

복수는커녕
이것이나 제대로

누가
할 것인가

너의 편을 들다니
– 장*원의 공작 발언에 대해

그래
제발 사실이 아니길 바래
네 말처럼 널 모함하기 위한 계략이었음 좋겠어
사실로 믿기엔 너무 가혹하거든
차라리 아니었음 좋겠어

강간도 성폭력도 반대세력의 공작 냄새가 난다는
너의 말이 차라리 사실이었음 좋겠어
사실로 받아들이기엔 너무 씁 같아서

만의 하나 백만의 하나 사실이라면
오로지 궁금한 것은 너의 부인의 마음이야
그것뿐이야

난 누구의 편도 아니야
오직 진실이야

피켓

평생 주홍글씨를 들고
두 사람이 카메라 앞에 섰습니다

서울대 동문은 탄핵을 반대합니다
서울대 학부생은 탄핵을 반대합니다

단 두 명이 저렇게 쓰인 피켓을 들고 사진을 찍고
탄핵을 반대한답니다

앞으로 국어사전을 고쳐야겠습니다
동문은 한 명이라고
학부생은 한 명이라고

뭐가 문제였는지
여자 한 명은
동문이라는 그 한 명은
얼굴을 피켓으로 가렸습니다

응원봉

오늘 또 나타났다
총칼이 가로막으면 응원봉이 막아선다
불타는 청춘으로 만든 무기 응원봉
어느 날 갑자기 나타나
위기의 찰나에서 번개처럼 나타나
시민의 목숨을 선봉에서 보호하는
세상에서 가장 정의로운 무기 응원봉

때론 얼어버린 시민을 녹여주는 열기를 내뿜고
때론 활화산처럼 타올라 세상을 평정해 나가는
정의롭기만 한 수많은 색깔로 화려한 응원봉
어떤 순간에도 빛의 힘을 잃지 않는 응원봉

왜 이제야 나타났는지
이 무기를 만들어 낸 천재는 누구인지
눈물 나게 고마운 우리들의 보물

오
살아서 이보다 좋은 무기를 볼 수 있을까

내가 본 무기 중에 다시는 볼 수 없을 만큼

눈물 나게 진실하고 정의롭고 화려한

세상에서 가장 센 무기

응원봉

광화문 앞에서

누가
희망을 물으면
광장에 앉아서 악에 받쳐 소리 지르고
목이 쉬어야만 애국자가 되는 일 없도록
아무 잘못도 하지 않았는데
광장에만 서면 뭔가 잘못한 것 같은 죄책감이 드는 일
없도록
35년 만에 옛동지를 만나
서로가 애잔한 얼굴로 바라보는 일이 없도록
변한 것이 없는 반동의 세월 속에
흰머리 가득한 채 다시 이렇게 광화문에서 만나는 일 없
도록

말짱하게 잘 사는 사람들이
아스팔트 위에 자리 깔고 자야 하는 밤을 맞이하지 않도록
아무런 죄도 없이 곡기를 끊어야만 하는 일이 없도록
눈 맞으며 앉아서 날을 새지 않도록
이 분노가 심장에 다시는 새겨지지 않도록

오직
그뿐입니다

꼭

35년 만에
노동 문예운동을 함께했던 동지를
탄핵 촉구의 광장에서 만났습니다
반동의 세월은 그대로고 우리만 흰머리로 바뀌었습니다
울컥했습니다 속으로는 피눈물이었습니다
우리 서로 만나 기쁘지도 못하고 슬프지도 못하고
그 순간이 참으로 싫었습니다

그렇게 우리는 늙어갑니다
하지만 세상은 젊어지고 있습니다

요즘 어디서 뭘 하는지 물어볼 기회도 없이
두 손만 굳게 잡았다 놓아두고 떠난 동지여
못다 한 인사 전하노니

축제의 광장에서 다시 만나
우리 그때 그랬다고 무용담을 나누자고
꼭

진실3

세상에서 가장 진실해야 할 사람
세상에서 가장 믿어야 할 사람
바로 대통령

입만 열면 거짓말인데
행여나 단 하나라도 진실은 없을까

아무리 찾아봐도 진실은
온 힘을 다해 분석해 봐도 진실은
찾을 길이 없고

권력 장악을 위한 계엄령 선포
텔레비전에서 당당하게 읽어내리던
나로서는 상상하기조차 불가능한 선포
악마의 계엄
그것 하나만이 진실인 것을

시로 쓰는 이유

나는
1980년 5·18민중항쟁
당시 현장의 처참한 시민군의 사진과 영상들을
쌍둥이 아들 단이와 결이 초등학교 4학년 때
망월동에 데리고 가서 보여주었다
어느 부모가 머리 없는 사람을
피투성이 범벅의 죽은 시신을
어린 자식에게 보여주고 싶겠는가

이를 악물고 보여주었다
눈물을 삼키며 보여주었다
찢어지는 가슴을 외면하고
두 눈 똑바로 뜨고 보라며 보여주었다

저 사람 중의 한 명이 아빠였을 수도 있었다고
아빠와 너희가 이렇게 세상에서 만난 것은
이런 역사를 잊지 말라는 것이라고
잊어서 안 될 것은
절대로 잊어서는 안 되는 것이라고

내가

2024년 12월 계엄 정국을

시로 쓰는 이유이다

제5부

계엄 5권
견딜 수 없이 견디고 있다

쳇바퀴 같은 하루

정오가
가까워질 무렵에야 잠에서 깨어
주섬주섬 옷을 입고 앞산을 나선다
한 시간 남짓 약간의 땀을 흘리고 와서
기계처럼 기타를 든다
어제 작업했던 곡들을 다시 한번 점검하다가
코드 잡는 손의 손톱이 거슬려 쭈그린 채로 손톱을 깎는데
사타구니에서 피어나는 옹삭한 냄새가 코에 닿는다
곧장 욕실로 가서 박박 닦고 속옷을 갈아 입는다
다시 기타를 들고
반복재생하듯 계속해서 선율을 튕겨대다 지치면
기타를 내려놓고 컴퓨터 앞 자판기를 두드린다
이런저런 온갖 가지 종자들을 시적 도구로 올려놓고
손 가는 대로 긁어대듯 자판을 괴롭히기 시작한다
그러다 지칠 즈음 배가 고파온다

오후 5시다
냉장고 문을 열고 한참을 바라보다가
김치와 갈치 젓갈을 꺼내고 밥통을 연다
밥이 없다

컵으로 쌀을 한 컵만 퍼서 밥을 한다
하루 식사의 전부다
식사 마치고 잠시 뉴스를 뒤적이면서
커피를 마시다가
다시 기타를 집어 든 시각

오후 7시다
이후 쉬는 시간도 없이 줄기차게 긴 밤을 관통하고 나면
아침 해가 떠오른다

하루 일을 마지막 정리하기 전
페이스북을 여는 순간까지
나는 단 한마디의 말도 하지 않았다
아니 하지 못했다
아니 할 이유가 없었다
내일도 그럴 것이다
모레도 그럴 것이다

엄니도 혼자서
텔레비전 앞에서 그러고 계실 것이다

석열이 때문에

행여나 아들이 또 못된 일을 당하지나 않을까

오로지 그 일념일 뿐

말 한마디 걸어 볼 사람이 없는 엄니에게

처음 느끼는 동병상련이 한꺼번에 몰려온다

자야 할 아침 이 시간

잠이 오지 않는다

골프채
– 이 와중에도 해외골프

세상을 살다 보면
불법이 아닌 것이 합법인 것이
불법의 백배보다 더 크게 느껴질 때가 있다
법적인 잘못은 아무것도 없는데
죽여버리고 싶을 때가 있다

헌재 결정을 기다리는 마음이
1초가 하루 같은 숨 막히는 이 아침에
골프채를 보니 총을 들고 싶다

이유는
그대 맘대로 상상하라

총구를 이마에 대고
1초의 고민도 없이
방아쇠를 당겨버리고 싶다

왜
백만의 죽음보다
한 명의 배신감이 더 서러운 것인지를

총알에 새겨서 말이다

수천 개의 시신 가방

만 번을 생각해도
계엄은 학살이다

백만 번을 생각해도
계엄은 내란이다

성공하면 필요하게 될
시신 가방이 계엄이다

닥치는 대로 트럭에 싣고
골 깊은 곳에 던져버리는 대신
카메라 앵글을 피하려는 핸드폰 시대의 계엄이
시신 가방이다

계엄도 진화해 가는 것을 보여주는
소름 돋는 증거물이다

오늘도 숨 한번 크게 쉬자

숨 쉬고 있으니까 살아 있다
살아 있는 한 피할 수가 없다

시대의 운명은 남의 것이 아님을
살아 있는 한 바로 나의 것임을

오늘도 변할 것은 없다
투쟁으로 살다가 투쟁으로 작별하는
죽을 때도 전장에서 몰아쳐 갈 운명
그것은 분명 전사의 행운이다

모든 결정은
민중과 함께하는 그대가 한다
우리가 한다
내가 한다

오늘도
숨 한번 크게 쉬자

흐린 날 노래가 없었다면

노래가 없었다면
나는 칼끝을 걸었던 청춘 시절을
지나오지 못했으리

노래가 없었다면
그것도 저항의 노래가 없었다면
나는 피범벅뿐인 이 길을 절대 택하지 않았으리

노래가 없었다면
삶의 무기 노래가 없었다면
아마 지금 살아 있지도 못하리

오
노래여
무기여 동반자여
자유여 민주여 사랑이여
목숨보다 소중한 나의 노래여

흐린 날 그대가 없었다면
바람 부는 날 그대가 없었다면

설한풍 에이는 날 그대가 없었다면

견딜 수 없이 견뎌내고 있다

계엄이 학살로 이어지는
피의 역사를 뒤집어엎는 민중의 몸부림은
오늘도 마음의 평정심을 잃고
불화가 치미는 하루를 말할 수 없이
견뎌내고 있다

단지 평범한 일상
열심히 일하고 땀 흘리는 하루이길
그저 상식이 통하는 사회 하나만을 애원하며
기약도 없이 견뎌내고 있다

나의 일을 내가 그저 열심히 하겠다는
맘만 먹으면 되는 아주 쉬운 일이
왜 이다지 어려운 것인가를
아무도 말해주지 않는 날을
참을 수 없이 견뎌내고 있다

오늘은 광장 내일은 네거리
또 내일은 한남동 또 내일은 어딘가에서
견딜 수 없이 견뎌내고 있다

살아서 경험하지 않아야만 될 현실을

견딜 수 없이 견뎌내고 있다

견딜 수 없이 견뎌내고 있다

명상 문답

누군가를
소멸시키려거든
나부터 목숨을 걸어야 한다

틀린 말인가
지나친 말인가
듣기 싫은 말인가
그럼 어쩌자는 말인가

그냥
이대로 살자는 말인가

헌법재판소

"헌법 위반했지만 파면은 아니다?"

위헌은 있으나
탄핵할 만큼 크지 않다

작은 죄는 덮어야 합니까
크고 작음의 기준은 법전에 나옵니까
시민의 이 엄청난 노여움이 당신에겐 아주 사소합니까
민초들이 숨도 제대로 쉬지 못하고 있는 이 동토의 땅을
당신만 보지 못하는 겁니까

배가 고파서 만 원짜리 꽈배기 훔쳤다고 징역을 살고
있는 놈은 수억 수조를 훔쳐먹고 집행유예를 선고받는
일 중에서
크고 작음은 누가 결정합니까

왜 당신의 잣대는 거꾸로입니까
왜 당신의 저울은 당신의 잇속만 저울질합니까
대의는 사라지고 내란만이 구석에 올려진 당신의 법전은
도대체 누구의 것입니까

그런 것이 배움이라면
그런 것이 판결이라면
배워서 뭣합니까
어디에 씁니까

지금
그러고 있는 것 외에

지겨워

하고 싶은 말 그냥 해
독일의 누가 그랬고 프랑스의 누가 그랬고 좀 그만하고

책 봤다고 자랑하는 거니
자기식대로 소화해서 정리하는 습관 좀 길러 봐
지금의 너보다 한참 어렸던 사람들이
옛날에 했던 말들
뭐 그리 자랑할 일이라고
말끝마다 제상 누구는 그랬고
장군 누가 그랬고 철학자 누가 그랬고
이제 좀 그만해
그런 말들일랑 삶의 기름으로 참고 정도 하고
몽땅 자기식대로 소화해서 새로운 말을 개발 좀 해 봐

아
네가 그렇게 하는 말
이젠 듣기도 읽기도 지겨워
석열이 때려 죽여버려야 한다고
차라리 그렇게만 말해줘
아무리 성인 제상 유명인 팔이 해 보았자

내겐 위로가 전혀 안 돼

그 사람들이 했던 말은 알고 싶지도 않으니까 제발

광화문 달리기

오늘도 나는 광화문에서 뛴다
화장실 가려고 지하철이나 박물관으로
종일 뛰기만 하는 것 같아서 돌아보니
하루 대여섯 번은 허겁지겁 뛴다
지하철 문 닫는 시간이 되면 사력을 다해 뛴다
마지막 임무를 성실히 수행하기 위해
늦기 전에 뛴다

멀리 떨어진 화장실을 향해
종일토록 뛰려고 서울까지 온 것은 아니지만
다행이다 뛸 수 있어서
행복하다 겨울밤 천막 잠을 위해 뛸 수 있어서

내일도 계획 속에 중요하게 밑줄을 그어야 할
'광화문 달리기'가 보람차다

서서

서울 가는 기차 좌석이 없어 입석으로 서서
광화문에 도착해서 종일토록 서서
천막 농성장 깊은 밤 추위를 견디려고 일어나 서서
광주 돌아오는 길 기차 좌석이 없어서 다시 입석으로 서서

떠난 지
24시간 만에 도착한 송정역 광장에 서서
다음 상경길 날짜를 세고 있다

복수

나의 복수가
하나도 이루어지지 않았다 한들
삶은 많다

복수를 위해
온 생을 다 바쳐 살았으면 됐다

복수는
여전히 미래다

광화문 새벽 인사

혼자 자는 농성장
추위에 도저히 잠을 이룰 수 없어
차라리 운동이나 하자는 마음으로
새벽 천막을 열고 나오는데

이 깊은 새벽 어디 가는 걸까
걸어가던 젊은 여자가 인사를 한다
안녕하세요

딱 그 인사말뿐이다

내 생애를 통틀어
이보다 아름다운 인사말을 들어 본 적이 없다
그 여인이 천사 같았다
그 여인이 세상에서 최고 예뻤다

아
연애하고 싶어라
다시 젊어지고 싶어라

천막으로 가는 길

벌써 두 번째
목적지를 잃어버린 채 지나치고
다시 돌아오는 1호선 전철을 탄다
갈아타기를 할 땐 핸드폰도 접고 바짝 긴장하여
전철 내 모니터를 본 채 고개를 돌리지 않아야 한다

아
사는 일이 왜 이리 어렵냐
쉬운 일이 단 하나도 없다

내게 그나마 쉬운 것은
노래 만드는 것밖에 없다
나머진 모든 것이 어렵다

계고장 날리는 공무원

대장을 여자로 하여
맨 앞장에 세우고
나머지 예닐곱 명의 남자들은 그 뒤를 따른다

밤새 천막에서 추위에 몸서리를 치다가
천을 거두고 나왔더니

또렷한 목소리로 천막을 향해
내일까지 철거하라 말하고
돌아서서 직원에게
증거사진 찍었습니까

다른 텐트로 가서
똑같은 짓을 반복한다

저들은
석열이가 파면 안 될 것이라고
확신을 하는 것일까

어디 한번

철거해 보라

오류였다

- 장*원에 대한

그대의 마누라 걱정해줄 때가 아니었음을 반성한다
막바지 빠져나갈 구멍이 없을 때
조여오는 숨통 관리를 어찌해야 할 것인가
라는 팁을 주었어야 했다 반성한다
그랬다 명쾌한 오류였다
잔머리 굴리는 이들은 죽을 때도 그 머리 돌리고 또 돌
리며
마지막까지 굴린다는 것을 몰랐다 반성한다
자본과 권력의 속성은 거짓말이 일상이고
5분 전에 했던 말도 안 했다고 죽기 전까지 안 했다고
큰소리친다는 것을 잠시 잊었다 반성한다
미쳐 날뛰는 더럽고 비열한 권력이야말로
어차피 떨어질 시험은 절대 보지 않는다는 것을
시험 전날에 빠져나갈 뒷문을 찾는다는 것을
망각했다 반성한다

아
피하지도 말고 내려가지도 말고
더구나 죽는 것은 아예 생각지도 말라고 소리쳐줄 것을
우리는 아직 갚아야 할 원수의 칼이 있다고

장엄하게 울부짖어줄 것을 놓치고 말았다 반성한다

자살만은 막았을 텐데
확실한 오류였다

대변인이라니

계엄군이 기자를 포박하려는 영상이 공개되자
야당 대변인이라는 사람이
엄포용 계엄이라더니 왜 포박을 하려 했는가
라고 물으며 따진다

이 세상에서
엄포용 계엄이라는 게
도대체 어디에 있다는 말인가

그들의 말에 스스로 빠져서
같이 허우적거리고 싶은 것인가
소름이 돋는다

대변이나
잘 가려 보라

드디어 파면되는 날

아무리 생각해도
생각하면 할수록
잊으려 할수록 끓어오르는

잊을 수가 없는 분노
이 울화
이 우울

치유할 방법이 없다
파면의 기쁨마저 말라붙어 찢어져 버린다

어쩔건가
10일만 쓰고 주겠다던 돈을
10년 만에 받아내는 이 감정을

다시 한번 묻는다
계엄이 정녕 네 장난감이었던 거냐

자봉단의 퇴임

깃발을 달던 낚싯대 등에 지고
바퀴 달린 가방을 밀고
활짝 웃는 모습으로 벗과 재잘거리며
광화문 길을 간다

틀림없이 자봉단이다
저 표정은
윤석열 파면 후의 광화문 자봉단 아니면
지을 수가 없다

말로 표현하기 힘든 저
표정 그리고
퇴임

천막 철거

윤석열 파면 결정 후
한 젊은이가 천막을 철거하는 현장을 지나면서
같이 가던 친구에게 하는 말이 너무 설워
소리 내어 부끄러운 줄도 모르고 막 울어버렸다

"이 사람들 얼마나 좋을까"

남의 말 하듯 하는
3자 화법이 너무 슬퍼서
미어지는 억장을 어쩌지도 못하고
청소하는 아재 옆에서 엉엉 울어버렸다

야구방망이

탄핵이 된 뒤
뒷정리가 백배 중요해

상원아
너의 역할 나한테 줄래

야구방망이 하나 들고
지하 밀실에서 기다리는 그 마음

신나겠다
하지만 그럼 못써
마지막까지 왜곡되지 않는 확증으로
법의 지옥을 맛보게 최선을 다해야 해
거기엔 야구방망이가 필요 없거든

어쨌든
너희들을 청산하는 뒷정리가
천 배는 더 중요해

문수 같은

문수야
너 말 잘했다

국민이 뽑은 대통령을
헌재가 판단하는 게 민주주의 아니라면

국민이 탄핵하자
바로 헌법 고치자

이
문수 같은 인간

사람은 길을 닮는다

배신이라는 옷을 입고 돌아선
두 가족이 있었다

한 가족의 아내는
그렇게 사느니 차라리 이혼을 선택했다
그리고 노조위원장을 지냈던 또 한 가족의 아내는
남편과 함께 반동의 똥밭에서 뒹굴고 있다

두 여인이
극과 극으로 변해가고 있는 것을
나는 지금 보고 있다

사람은
가는 길을 닮는다

진보여

– 4/4 파면되는 날 광화문 앞에서 선 채로

날이면 날마다 충돌하라
이제부터 시작이다

아침에 드는 숟가락부터 충돌하라
일상의 커피에도
핸드폰에 날아드는 문자에도 충돌하라
일상에서 충돌하라

모오든 낡은 것에 충돌하라
믿음 없는 유혹에 충돌하라
근거 없는 믿음에 충돌하라
경험했던 배신에 충돌하라
껍데기뿐인 진보에 충돌하라
아무런 눈치도 보지 말고
원칙을 지키는 진짜가 되어
머물지 않는 바람처럼 남김없이 충돌하라

시작부터 충돌하라
마지막까지 충돌하라
충돌만이 정답인 것처럼

미친 듯이 충돌하라

파면 다음 날

마음 다잡고
사회대개혁을 준비하기

청춘으로 빛나는 응원봉의 결실을
더는 남에게 내주지 말기

치를 떨던 과거를 기억하고
다시는 그 결실 남에게 주지 않기 위해 투쟁하며
성실하게 악착같이 두려움 없이 준비하기

인생에서 단 한 번은 꼭 맞아야 할 일
기필코 만들어야 할 우리들의 숙명

두려움 없이
두려움 없이

제6부

계엄 5권 이후

지옥 가는 길의 다리

박그네의 생각

계엄
안 하길 잘했다

외국 친구

한국에서는
대통령을 부르는 호칭이 많다는데
대통령을 다른 말로 뭐라 그래요

시팍새끼
라고 농으로 말해줬더니

이후 이 호주인은
한국 대통령을 말할 때
시팍새끼라고 했다

식당에서 밥을 먹다가
한국 대통령을 티비에서 보더니
아 저
시팍새끼

수번 3617

요시찰은 수번이 짧은데
너는 수번이 길다
잡범 처리가 되었나 보다

그러니까 진작에 내가 말했잖아
내란범으로 그냥 살라고
괜히 나와서 다시 들어가고 뭐냐 이게
체면 떨어지게

허위공문서 직권남용 공무방해
뭐냐 이게 대통령이란 놈이
죄명이 쪽팔리잖아
이 쪽팔림은 또 왜 내 몫이란 말이더냐

이왕 살려거든 색깔 있는 것으로
0001번 0010번 0100번
뭐 이런 번호 얼마나 좋겠니

하나 가르쳐 줄까
나는 두 자릿수 수번이었어

국가보안법은 아주 요시찰이거든
색깔도 달라
아주 요직 중의 요직이거든

그리고 오늘에야 하는 말인데 너 때문에 내가 아파
그래서 너에게 글이나 쓰는 소일거리로
이 아까운 시간을 쪼개고 있는 거야

이
이 이
이 *****

백사장의 남녀

백사장에 건희와 석열이가 앉아서 구시렁거리고 있다
건희는 손가락으로 모래밭에 뭔가를 쓴다
석열이가 먼저 묻는다

– 뭘 쓰고 있어
– 당신의 출소일 계산해
– 아직 기결수도 아닌데 벌써
– 이등병도 입소하자마자 달력에 똥글배기 치는 거야
군대를 가 봤어야 알지
아유 바보
그러니까 징역이나 살지

갑자기 석열이 부아가 끓는다

– 야 이년아
너도 곧 오게 돼 있어
한 치 앞도 못 보면서 계산은 무슨

빡친 건희는 아무 생각도 없이
악을 쓴다

이 이 씨팍새끼야아아

대통령 출마라니

– 한덕수

근데 이 사람 차암 이상하게 생겼다

쪼다 같기도 하고 얼치기 같기도 하고

뭔가 부족해서 몰래몰래 뭘 마구 감추려는 것 같기도 하고

보지 않으려고 해도 마구 눈에 억지로 나타나는 좆밥인
것 같기도 하고

아무런 이유도 없이 그냥 뇌가 터져 고꾸라질 상인 것
같기도 하고

병이 들어도 끝까지 죽지 않고 숨만 쉬고 있다가

백 살 넘어서 죽을 상인 것 같기도 하고

일반인 관상을 이리 보면 뺨 맞을 것 같긴 한데

너야 뭐 동네 굴러다니는 잡동사니니까 별일은 없겠지만

그래도 난 기분이 똥 씹은 것 같기도 하고

관상쟁이는 아니지만

보고 싶은 얼굴은 절대 아닌 것 같은데

대통령 출마라니

돌아서면 깜빡하는 나이

때론 똥 싸러 가다가도 어딜 가는지 잊어버리는 나이
때론 마누라 이름도 생각 안 나서 그냥 '어이'
갑자기 자기 이름도 생각 안 나서 잠시 머뭇거리는 나이
그래도 연륜은 있다고 악착같이 명함 내밀어도
어딜 가든 연륜보다는 혁신이 더 필요해서
받아주지 않는 나이
그런 나이가 되면 들여다보기 제일 쉬운 출사표

그래
한 갑자만 돌아도
명사가 생각 잘 안 나고
동사도 뒤뚱뒤뚱하더라
서명운동에 서명해놓고 안 한 줄 알고 또 하게 되더라

80을 바라보며 뛰는 나이로
상명하복 정신의 경륜 앞세우고 나선
대통령 출마를 축하한다
출마한 것을 깜빡하고 다음 날 또 하는
하찮은 출마를 축하한다

지긋지긋

징글징글

반동의 옷을 걸친 보수나

합리라는 껍데기뿐인 옷을 두른 보수나

오로지 제 잇속을 위한 권좌만을 찾아가는

그런 말 바꾸기 출마를 나름 성의를 담아 축하한다

우리나라 축하는

늘 니미씨바리 자전거다

아무것도 아닌 사람

- 김건희 포토라인의 변

청운의 꿈을 버리고
오로지 조국과 민족의 통일을 위해 살겠다고

짱돌을 들고 화염병을 들고
새벽 4시부터 밤 11시까지
파출소 반동정당 경찰서 법원 가리는 곳 없이
불놀이 최루탄 놀이를 하면서

대학 입학한 지 19년 만에 가까스로
정식 문학사 졸업장을 받아쥐고
모진 시련 넘고 험난한 삶의 시궁창 건너
흰머리 날리며 마른기침 뱉으면서
비틀비틀 서울 광화문에 이르렀으나
입구에 들어서자마자
도끼를 들고 달려드는 여자가 있었다
그가 내 머리를 세차게 내려치는 순간 급하게 피하며
누군데 내게 이러냐고 물었더니
아무것도 아닌 사람인데
그냥 꼴 보기 싫어서 그런다며 달려들었다
이리 피하고 저리 피하고 사력을 다해 도망가는 와중에

내 몸은 완전히 만신창이가 되고 말았다

비록 목숨은 부지했지만
영문도 모른 채 아무것도 아닌 사람에게
나는 처절하게 당했다
팬티 한 장 남기지 않고 벗겨졌다

발가벗긴 채
불알 두 쪽 만지작거리다 보니
이제야 조금은 알겠더라
능지처참이나 부관참시가 왜 당연했던 형벌이었는가를

석열이거나 아니면

– 두 번째 구속에 부쳐

브레이크 없는

광기 어린

벼랑 끝

사랑

둘 중 하나가 되었다

석열이거나 아니면

건희거나

거지 같은

사랑

명언만 하는 그대

"내가 권력을 잡으면
경찰이나 검찰이 알아서 잡아들여"

그래
그럼 이 말도 한 번 해 보지 그래

내가 권력을 뺏기면
뇌물 준 사람들이 알아서 다 내뱉어

감옥에서 입이 심심할 텐데
어디 한번 해 보지

배 아프다

– 이종호

김건희 계좌관리인으로 유명한
인물검색에도 당당히 뜨는
인기인

사람 죽인 것도 아니고
거액을 직접 도둑질한 것도 아니고
정상이 아닌 여주인 통장 하나 들고 졸졸 따라다니던
옛날 말로 종놈의 새끼가
나보다 더 유명하다

별것이 다
배 아프다

충동이 인다

건희가 감옥의 독방 구조를 공부시킨다
언론에서 매일 소개하는 독방이 너무 크다

이러다간
한번 가 보고 싶다는 청소년 안 생길까 몰라

그러고 보니 나도 그립다
빵끼통에서 기어 나온 버러지들이
낮잠 자는 동안 입으로 들어오던
다리를 뻗으면 다리가 굽어지던
책 놓을 공간이 없어서 공중에 매달던
겨울이면 스미는 찬바람에 사타구니마저 꽁꽁 얼던
얼어버린 물에 얼굴을 비벼서 세수하던
0.6평 안양교도소 시절이 억울해서
신식 교도소 한번 가고 싶다

다시 옥중 창작물을 들고
감옥 문을 열고 싶다

논리질을 벗고

눈으로 보고도
경험을 반복하고도
같은 논리는 펴는 것은
논리를 위한 논리
즉 논리질

헌재의 정의
헌재의 판결
이따위의 논리를 다시 펴는 것은
모든 국민이 잠을 이루지 못했던 동토의 밤을 깨끗이 지
우는
그냥 쓸데없는 논리질

이제야말로
대통령 탄핵은
국민이 직접 해야 한다

표정

요즘
무슨 재미로 사니
그러게 총을 들어 실패했으면
네 놈 목이라도 스스로 잽싸게 쏴버리고 가고 말일이지
머저리 육갑 떨다 자빠진 자신을 날마다 후회하며
문 잠가 놓고 소주를 퍼부어대는 그 꼴이 뭐니

그래
그 마음 이해한다
나도 그 비슷한 짓 해 봤거든

근데
이런 생각 안 해 봤니
아마 넌 사면이나 감형이 안 될 확률이 더 커졌단 말야
어쩌면 이번 기회에 정치 잡범의 감형이나 사면은
아예 없애 버릴지도 모르거든
혹시 그런 생각에 하루하루 괴로운 것 아니니

이제야 와서 후회해도 소용없는 일이지만
이라는 유행가 가사 너 잘 알지

지금이 아무리 괴롭다 한들
그 가사처럼 그 시절 그 추억이 또다시 온다 해도
계엄만은 하지 말거라
그런 생각조차 하진 마라
그것이 그나마 죄를 씻는 길 아니겠니

표정
그 표정
내가 다 만감이 교차한다
122일의 고통
12월 3일 밤의 풀려버린 나의 사지
4월 4일 광화문에서 몸을 떨던…

이 모든 것을 간접으로 말하고 있는 너의 표정
지금 바라보고 있는 나의 심정을 말해 무엇하리

그런다고
날마다 숨어서 술 마시는 것은
조금 삼가는 것이 좋지 않겠니
건강한 육신으로 징역을 살아야지

골골거리는 몸뚱이로 그러고 있으면 내가 슬퍼져
너는 자연사를 해도 안 되는 종자인 것을 알기는 아니
너의 피눈물을 마지막까지 백성에게 바치고 난 다음에
온갖 고통을 다 뒤집어쓰고 난 다음에
그렇게 세상을 떠야 그나마 백성의 원이 풀릴 거야
그러니 건강 좀 지켜 제발

너무
절망하진 마라
절망하더라도 얼굴에 티 좀 내지 마라
뭐니 이게 체면 서지 않게
낼 죽는대도 멋있게 살다 가는 게 좋지 않겠니
너 잘하잖아
어깨를 과도하게 뒤로 제껴 봐 그리고 손 흔들어 봐
고개는 좌우로 돌려가며 그렇게 걸어 봐

충고하건데
맘 편하게 조사받고 구속되면 기분 좋게 징역 살거라
언제일지 모르겠지만 출소에 희망을 걸고
기쁘게 사는 것이 좋을 거야

거기 가 봐야 가지고 놀 것이라고는

달랑 불알 두 개밖에 없어서 재미는 없겠지만

그래도 꾸준히 운동이라도 해 그래야 자연사는 면하지

않겠니

정 심심하면 붓글씨라도 해

혹시 아니 훗날 석방되어서 전시회라도 하게 될지

그런 희망 놓지 말고 열심히 해 봐

참

네 마누라랑 같이 합동 전시회 하면 되겠구나

먼 훗날

먼 먼 훗날

어쩌면 지옥에서 하게 될지도 모를 그

멀고 머언 훗날

묻는다

아무리 힘들어도
걸어온 길이 아까워 끝까지 물고 늘어졌다
오로지 한 길만을 걸었다

세월이 흘러
쉴 만한 그늘이 생겼다
의자가 생겼다 해먹도 생겼다
그럴듯한 명찰도 생겼다

누군가는 이를 지구력이라고 한다
누군가는 이것을 값진 인생이라고도 한다

하지만 묻는다
두 번의 계엄을 직접 체험하고
여기까지 와서 되묻는다

이러려고
한생을 바쳤냐고

내 안의 나와 싸우고 있다

모든 것은
윤석열의 입에 달려 있다

한덕수는 물론
국짐당 검찰 법원 군대 등등

특히
국정원

언제 어디서든 무선으로 조종이 가능한
핵무기 운전수가 윤석열이다
어쩌면 우린 이길 확률 영 프로에 맞서 싸우고 있다

먹었으나 먹지 않은 것 같은
일했으나 얻은 것이 없는 것 같은
승리했으나 승리가 아닌 것 같은
우리는 그 수렁에 빠져 있다

저 악의 무리를 어떻게 확증할 것인가
오직 하나 단죄를 위해 휘둘러야 한다

악마의 피가 솟음칠 때까지

사회대개혁도
저들을 쓸어버리는 것이 전제다
우리는 지금
내 안의 나와 싸우고 있다

정치는

오얏나무 아래서는
갓을 고쳐 쓰지 마라

형법은 과일을 땄는지 안 땄는지를 가름하지만
정치는 손을 위로 들었느냐 안 들었느냐를 따진다

정치는
그대가 손을 위로 들었다는 사실만이 진실이다

정치는
결과와 아무런 상관없이 의혹이 정답이다

정치는
갓을 고쳐 썼음을 증명해 봐야 소용이 없다
갓을 만지면서 호시탐탐 과일을 노렸다고 판단하기 때
문이다
정치는 오로지 의혹만이 정법이다

정치는
내란청산만이

부처의 설법이고

예수의 복음이고

알라의 단결이다

제발 좀

오얏나무 아래서 갓을 만지지 마라

까면 깔수록

소설보다
영화보다
꿈보다

지어낸들
이토록 온전히 지어내기는 힘든 일

까면 깔수록
더 소설 같고 영화 같은 사건

이런 영화와 소설을
우리는 현실로 이겨냈지만

승리라는 두 글자로 마감하기엔
아직 끝난 게 없다

어쩌면
끝내기는커녕
시작도 안 했는지 모른다

공

아하
그렇구나

이제야 처음 알았다
'공'이라는 저 글자가 무슨 의미인 줄
아주 우연히 알게 되었다

쓸데없는 단어라지만
몰라도 되는 단어가 아니었음을
깊이 반성한다
이 새벽에

아무리 사소한 것도
반동과 억압의 문턱에서는
목숨 같은 것이다

이건 또 뭐냐

– 석열이의 감방성명

"존경하는 국민 여러분!
말도 안 되는 정치적 탄압은 저 하나로 족합니다"

너

나 존경 안 하지

지옥 가는 길엔 다리가 있다

구치소장
법을 어기는 구치소장
법을 다루면서 법을 어기는 구치소장

대단하다
대단한 자리다
그에게 지시 불이행은 무섭지 않다

내가 석열이다
내가 내란 동조범이다
스스로 악마가 되어버린
살아 있는 한 대체 불가능한
아주 섬세한 악마의 씨앗

과천 고개 넘어가는 길
지옥 가는 길의 다리 하나
서울구치소장이라는 다리가 있다

척결이 별건가

불순한 의도를 가지고
국정을 농단하고 법을 갖고 논 놈들
모조리 잡아들여다가
뺨따귀를 사정없이 쳐버리는 것이다
죄의 경중에 따라
그냥 꼴 보기 싫은 놈은 해가 질 때까지
죄질이 간나구 같은 새끼들은
3일 밤낮

용서가 안 되는 새끼들은
디질 때까지

첫날 그날처럼

우리의 첫날은
2024년 12월 3일

그날
그 마음처럼
첫날의 심장처럼

지독한 겨울의 밤
그날처럼

출제되어야 한다

계엄령에 대한 설명으로 맞는 것은

반대세력을 상대로 엄포용으로 사용할 수 있다
한 번쯤은 경각심을 주기 위해 선포할 수 있다
대통령이 스스로 위기라고 생각하면 선포할 수 있다
국민을 계몽시키기 위해 사용할 수 있는 대통령의 권한
이다
헌법에 명시된 절차와 목적 외에 다른 수단으로 사용할
수 없는 고도의 통치행위이다

반드시 수능에 출제되어야 할
우리의 자화상

민주주의
k-민주주의

최선을 다해 끈질긴 민들레처럼 살아내는 일

송경동 시인

2017년 겨울 박근혜 퇴진 광화문 캠핑촌에서 오랜만에 박종화 형을 만났다. 그리곤 속절없이 8년여가 흘렀다. 2025년 겨울 윤석열 내란수괴의 파면을 외치며 단식을 하고 있던 광화문 예술인농성장에서 다시 그를 만났다. 그간 잘 지냈냐고 인사 나눌 겨를도 없었다. 자신이 가진 '모든 무기'를 들고 '일분일초를 긴장'하며 '악마가 들끓는 그곳으로' 나아가는 일이 우리가 서로에게 건넬 최선의 인사였다.

2024년 12월 3일. 그는 "즉각 생각한다 / 굳게 결심한다 / 젊은이들 대신해서 / 총을 맞아 주자고 / …(중략) / 급하게 짐을" 쌌다고 한다. 그 밤 나도 그러했다. 그렇게 척박한 분단시대의 어느 터에서든 최선을 다해 끈질긴 민들레처럼 살아내는 일이, 목숨을 걸고라도 저항하는 것이 우리가 스스로 선택한 바보 같은 운명이자 숙명 같은 것이었

381

다. 하여, 이 시집은 지난 내란의 겨울에 대한 피눈물 나는 시적 기록을 넘어 험한 시대와 광장의 노래꾼으로, 시인으로, 붓쟁이로 살아온 그의 평생이 담긴 눈물과 분노의 결정이기도 하다. 나의 역사이기도 하고, 우리의 역사이기도 한 시편들 앞에서 숙연해진다. 내란 주요 종사자였던 노상원의 수첩에 그려진 세상이 아닌 박종화 형의 『계엄 수첩』을 받아들게 되어 얼마나 다행인지 모른다.

시간이 잠깐 흘러 윤석열 파면 후 5월 어느 하루 광주 망월동 묘역 참배를 하러 갔는데 휑한 묘역, 어떤 열사의 묘지 앞에 몇 명의 사내가 소주병을 까두고 앉아 있었다. 그중 한 사내가 기타를 치며 맨 목으로 노래를 부르고 있었다. 문득 종화 형일 테지, 종화 형이었다. 아니어도 좋았을 것을. 그는 그렇게 언제까지나 이 시대의 어떤 아픈 자리에서 간절한 노래를 부르고 시를 적고 있을 것이다. 언제쯤 박종화 형에게도 안식이라는, 평온이라는 순간이 온전히 주어질 수 있을까. 우리 다시 만나는 곳은 이제 더는 광화문이 아니길 소망해 본다.

계엄 수첩

초판1쇄 찍은 날 | 2025년 11월 24일
초판1쇄 펴낸 날 | 2025년 11월 30일

지은이 | 박종화
펴낸이 | 송광룡
펴낸곳 | 문학들
등록 | 2005년 8월 24일 제2005 1−2호
주소 | 61489 광주광역시 동구 천변우로 487(학동) 2층
전화 | 062−651−6968
팩스 | 062−651−9690
전자우편 | munhakdle@daum.net
블로그 | blog.naver.com/munhakdlesimmian

ⓒ 박종화 2025
ISBN 979−11−94544−19−7   03810